SAVOIR LIRE L'AURA

Laure Nitos

SAVOIR LIRE L'AURA

ÉDITIONS DE VECCHI S.A.
52, rue Montmartre
75002 Paris

Traduction de Evelyne Sensier
Conception graphique de la couverture : © Bed and Breakfast

L'aura représente toute chose

L'aura représente toute chose. Elle est l'essence de tout phénomène paranormal et fait la puissance de tout être humain. La télépathie, la télékinésie et les sciences divinatoires n'existeraient pas sans elle, car l'aura est à l'origine de tout pouvoir normal ou paranormal. La magie et tous les phénomènes paranormaux dépendent essentiellement de la capacité et de l'habileté à projeter et à manipuler cette puissance.

De fait, sans les pouvoirs de l'aura, l'homme ne mériterait pas d'être distingué des animaux. En effet, cette essence supérieure se compose de deux forces, l'une propre à toute matière et originaire de la lumière créée par Dieu ; et l'autre correspondant au souffle vital que notre premier ancêtre reçut comme premier et dernier don important alors que, simple singe, il évoluait parmi les bêtes.

De cette façon, le Créateur lui insuffla l'âme et l'aura afin que ce souffle d'éternité suprême entretînt le corps tant qu'il manifesterait un signe de vie. En même temps, en raison de la condition semi-matérielle de cet attachement de l'âme, le Créateur ordonna que l'homme pût s'abreuver à l'océan de la connaissance où il est immergé et qui maintient l'harmonie de l'univers. Pour ce faire, l'homme est doté d'une sorte d'antenne reliée à un récepteur et en s'accordant sur une certaine onde, il reçoit des codes que le cerveau doit associer et adapter à ses propres conditions.

Ainsi, l'aura est et a toujours été un pouvoir à moitié méconnu, partiellement exploité à des fins de magie ou de médecine. En réalité, elle appartient à la longue liste de phénomènes mystérieux avec lesquels nous nous sommes habitués à coexister sans leur prêter attention.

Œuf de lumière d'où naquit l'esprit humain

L'aura est une lumière que nous devons apprendre à regarder et à interpréter de façon nouvelle, afin de comprendre parfaitement la personne qui l'émet. Cet Œuf de lumière qui enveloppe la personne tout au long de son existence contient la somme de ses raisons.

Bien sûr, depuis le début du siècle, la science a cessé de nier l'existence de cet Œuf. Le savant qui découvrit les rayons X et les électrons en 1895, la radioactivité en 1896 et les quanta en 1900 montra aux scientifiques qu'une bonne partie de l'univers était invisible. Il leur révéla qu'une grande partie de l'être humain était invisible...

Lumière, décharges électriques et événements inexplicables

Les scientifiques durent lire d'un œil neuf les mémoires du baron autrichien von Reichenbach, publiées en 1845 et aussitôt oubliées, qui traitaient des phénomènes lumineux produits par les cristaux, les aimants et le corps humain. Le principal reproche opposé à ces recherches résidait dans le fait que ces phénomènes ne pouvaient être perçus que par des personnes douées d'intenses facultés. Seuls certains, comme le célèbre colonel de Rochas, saisirent l'importance de cet ouvrage. En revanche, on considérait en général qu'il s'agissait d'une « question embarrassante » et que ce sujet exposait invariablement les savants au double risque d'être taxés de crédulité ou d'hermétisme.

Les cabines télépathiques d'Altamira

Nombreux sont les mystères qui entourent l'humanité, et le but recherché par l'homme préhistorique quand il dessinait les peintures rupestres est ainsi méconnu. Il est admis de façon erronée qu'elles constituèrent la première expression artistique de l'humanité, mais tout nous porte à penser, aussi absurde que cela puisse paraître, qu'en fait ces hommes utilisèrent des grottes comme Altamira, Lascaux, Pech Merle, etc., comme des cabines téléphoniques.

Comme les laboratoires des premières universités mondiales l'ont établi, l'esprit projette des images avec beaucoup plus de facilité, de clarté et d'efficacité que des mots. C'est particulièrement vrai si l'émetteur se concentre sur tout ce qu'implique profondément le fait de les voir et surtout sur l'action de les tracer, car il fait alors passer chaque caractéristique de l'image de son esprit à son aura, et de celle-ci à l'aura universelle.

L'aura universelle, à l'instar des eaux d'une mer invisible où tout serait immergé, nous enveloppe et nous communique le savoir immémorial, car elle possède un courant spécial pour les idées et pour l'esprit. Ainsi, les hommes préhistoriques, blottis dans les anfractuosités ténébreuses qu'ils s'étaient choisies, captaient le message de cette mer spirituelle.

Il est évident que l'obscurité de ces grottes ne les rendait pas idéales pour exposer les œuvres d'un artiste. En revanche, elles constituaient de parfaites cabines télépathiques où les hommes, après s'être regroupés dans l'ombre, indiquaient aux membres de leurs clans le type de gibier qu'ils pouvaient rencontrer, son territoire, ses habitudes afin qu'ils se réunissent à un endroit donné pour effectuer ensemble la traque. L'idée selon laquelle les peintures rupestres constitueraient l'expression du tempérament artistique doit être écartée. En effet, l'homme fait appel à la création artistique en essayant de dépasser les limites du langage pour exprimer des concepts spirituels. Mais l'esprit, à peine né, de l'homme préhistorique devait encore connaître ses possibilités matérielles avant d'évoquer des valeurs qu'il mit plusieurs millénaires à percevoir. Les hommes primitifs se servaient également de l'aura pour attirer à l'endroit souhaité les bêtes qu'ils préféraient chasser et ils utilisaient les possibilités de la télépathie comme méthode d'invocation et de persuasion – actuellement, cette technique est utilisée pour contrôler dans le territoire et les eaux ennemis le comportement des chiens, des dauphins et des autres espèces dûment entraînées.

Mais n'allons pas trop vite. Il est d'abord nécessaire de montrer ce qu'est l'aura et la manière dont elle se manifeste aux divers niveaux de l'existence de l'homme. Peut-elle également être interprétée ? Certainement ! Nous en indiquerons la méthode à ceux mêmes qui sont totalement incapables de voir l'aura ou de la sentir. En effet, l'aura correspond à la forme des mains ; en connaissant les liens qui les relient, il est donc parfaitement possible de connaître le caractère, les pouvoirs normaux ou paranormaux et même l'orientation générale du destin du sujet.

Que ce trésor soit répandu parmi la multitude

Auparavant, assurons-nous de saisir le vrai trésor qu'offre ce livre, écrit dans un but vulgarisateur par l'un des derniers initiés. Que l'on nous comprenne, ces révélations n'impliquent aucune trahison envers l'héritage sublime de secret et de responsabilité que nous avons reçu. Mais des scientifiques ont fait irruption dans les domaines qu'ils méprisaient auparavant et ils ont commencé à découvrir les trésors de l'hermétisme pour en faire bénéficier les puissances secrètes de leurs États. Ce livre résulte du souhait que des secrets gardés si jalousement pendant des millénaires ne deviennent pas aujourd'hui des matériaux réservés aux organisations qui défendent le contrôle armé de l'humanité. Nous souhaitons que ce qui a été remis à l'homme dans un souffle continue de lui appartenir.

Cette lumière qui anime l'homme

Partons d'un fait prouvé : tout être humain diffuse par tous les pores de sa peau une force à moitié physique, proche de la chaleur et de l'électricité. Intimement liée à l'état du corps et de l'esprit, elle s'exprime comme une force psychique et génère les ondes vitales connues depuis une dizaine d'années sous le nom de *fluide magnétique.*

Telle est l'aura, force uniquement comparable aux forces électromagnétiques. De densité variable, elle émane de toute matière organique ou inorganique, car toute chose créée était initialement lumière. Cependant, l'aura prend des caractéristiques distinctes chez l'homme en raison de ce qui, dans l'Antiquité, comme le constate la Bible, fut appelé *le souffle.*

Premier produit de l'aura : la personnalité

L'aura est à présent connue, étudiée, enregistrée et manipulée dans le monde entier. Il a été démontré pendant d'innombrables siècles dans les milieux ésotériques, et depuis quelques décennies par les scientifiques, que l'aura présente des implications et applications nombreuses. Ainsi, la vigueur de la personnalité dépend de son intensité et de son homogénéité.

De même, en vertu de sa qualité de courant, l'aura est en flux et en reflux constants dans l'organisme et présente des caractéristiques différentes dans chaque organe. C'est pourquoi, en utilisant des moyens adaptés pour la capter aux divers points du corps et de l'esprit, il est possible de la recomposer, de la modifier, de la renforcer ou de l'affaiblir. Il suffit pour cela de régler le courant d'énergie (par exemple avec des aiguilles d'acupuncture), de prendre un échantillon de cette aura (par imprégnation sur un objet ou un vêtement, par exemple), ou d'employer l'échantillon pour obtenir divers effets impossibles à atteindre par les facultés courantes de l'être humain, comme d'échapper à sa matérialité pour passer à la dimension spirituelle, ou de projeter son esprit et sa volonté pour communiquer avec les autres, les influencer et même les soumettre.

Ces affirmations ne sont nullement fantaisistes, comme nous le démontrerons tout au long de cet ouvrage. De fait, les mains qui portent ce livre pourraient réaliser des miracles par la seule énergie qu'elles déposent sur le papier.

Les teintes fondamentales de l'aura

BLANC

Il s'agit de la somme et de la perfection de toutes les lumières. Il s'agit évidemment d'une aura qui ne peut être souvent observée au cours d'un millénaire. Si cela survient, la « personne » qui l'arbore peut ne pas être un être incarné ; il s'agit plus souvent d'une entité de l'au-delà positif.

DORÉ

Il s'agit de la couleur de l'action suprême, de la puissance créatrice. Elle signifie tout d'abord force et majesté.

VIOLET

C'est la couleur des esprits mystiques. Considérée en Extrême-Orient comme la troisième couleur de la perfection après le blanc et le doré, elle possède des vibrations exceptionnelles. Elle détient d'importantes propriétés curatives, surtout lorsqu'elle apparaît autour des mains à l'état pur, sans veines ni rayons intermédiaires de couleur différente. Ainsi immaculée, elle détruit tous les agents impurs responsables de la maladie.

ROUGE

Cette couleur représente l'aura des personnes actives, des individus exposés au stress et à toutes les pressions que provoquent l'attachement aux biens matériels ou l'obsession des plaisirs et de la luxure. Lorsque le rouge est pur, sans veines étrangères, on peut considérer que tout ce qu'effectue le sujet est parfaitement organisé et mené. Par contre, lorsque la couleur rouge est mêlée d'autres tons, elle implique de l'inquiétude, des tendances à la destruction, une volonté effrénée de s'enrichir par des moyens violents, et même l'homicide.

Le mal est encore plus grand quand on constate, outre les taches rouges, des fragmentations dans l'ovale de l'aura qui enveloppe la totalité du corps.

ROSE

Cette couleur réunit les propriétés du blanc et du rouge liées à l'amour. Une personne dont l'aura est rose aime unir les autres, former des couples.

Il s'agit de la couleur des marieuses qui, par ironie du sort, sont bien souvent les personnes qui sont destinées à la solitude.

ORANGE

Appartenant aux teintes les plus ordinaires, elle se compose de la lumière jaune de l'intellectualité et de la couleur rouge liée au corps. Elle indique un équilibre dans l'existence et ce d'autant qu'elle est plus ou moins importante dans l'aura. Recouvrant le processus de guérison après la maladie, elle indique le retour à l'équilibre de la santé ; sa couleur évolue alors du jaune verdâtre à l'orange foncé.

L'orange est cependant une teinte provisoire. Si elle subsiste, il faut la considérer comme un indice de blocage, comme le signe d'une incapacité à atteindre un état de plénitude. Elle peut également révéler des troubles intestinaux latents et la poussée de pulsions sexuelles refoulées.

ORANGE FONCÉ

C'est la teinte du désintérêt, de la paresse et de certaines formes de refoulement.

JAUNE

Il s'agit de la teinte de l'intelligence et de la créativité intellectuelle. Elle vire souvent au doré de la conception sublime ou au rouge de l'éclair de génie. Le doré est sans aucun doute la teinte la moins stable de l'aura. Elle dure à peine le temps d'un souffle d'inspiration, l'instant nécessaire pour que l'esprit capte la totalité d'une idée pure. Quand elle subsiste plus longtemps dans l'aura d'une personne, elle indique un individu aux dons exceptionnels, un sujet capable, par exemple, de guérir par la seule imposition des mains sur la partie malade du corps.

Elle est également considérée comme la couleur du suprême pouvoir purificateur. Les magiciens de l'Antiquité et les sorcières d'hier et d'aujourd'hui considèrent l'Œuf comme un grand véhicule de purification. Les magiciens disaient qu'un Œuf en or possédait la puissance souveraine – et, moins exigentes, les sorcières estiment l'aura satisfaisante à partir du moment où l'Œuf est produit par un mâle et une femelle.

Par ailleurs, lorsque l'aura présente une teinte jaune moutarde, la personne est dotée d'une intelligence aiguë. De même, lorsque le jaune apparaît à l'intérieur d'une autre teinte, il doit être interprété comme le niveau d'intelligence présent dans le caractère correspondant à la couleur dominante.

Il faut également signaler qu'à l'inverse, et de façon inexplicable, l'état d'ébriété donne une teinte jaune dominante à l'aura, avec souvent des taches rougeâtres. C'est peut-être pour cette raison que tant de créateurs, essentiellement des poètes et des peintres, étaient plus inspirés lorsqu'ils avaient bu énormément. En effet, dans l'ivresse, le jaune illustre l'orientation de l'esprit vers l'idée artistique, et les taches rouges indiquent l'effort de volonté qui intervient, contention qui peut entraîner de véritables états de délire ou bien d'anxiété créatrice.

Pour compléter cette observation, soulignons que toute drogue, y compris la caféine et la nicotine, produit un affaiblissement progressif de l'aura, ce qui démontre au minimum un affaiblissement proportionnel de la vitalité de l'organisme.

VERT VÉGÉTAL

Rappelons qu'il existe seize mille couleurs d'aura, parmi lesquelles trois mille appartiennent à la gamme vert-bleu. L'aura de teinte verte est liée aux plaisirs de la chair, à l'obsession du confort et des plaisirs. Combinée au doré, elle indique une grande adaptation au milieu des affaires.

Il s'agit également d'une teinte favorable à la santé, car le vert contribue à la régénération des tissus. De fait, la personne qui possède une aura vert végétal peut aider d'autres individus à guérir de diverses maladies par la seule imposition de la paume de sa main droite.

VERT-JAUNE

Teinte de la maladie. La maladie est d'autant plus grave que le jaune domine.

VERT FONCÉ

Cette teinte correspond à l'envie.

BLEU CIEL

Cette teinte correspond au processus d'intelligence, à la faculter d'apprendre, d'étudier et de synthétiser. Elle indique également l'équilibre émotionnel, la sérénité.

BLEU MARINE

Elle représente la perception extrasensorielle, l'intuition subtile, la puissance psychique.

TURQUOISE

Il s'agit de la couleur des chercheurs scientifiques et des personnes douées de l'esprit d'analyse et de synthèse.

MARRON

Cette teinte se trouve rarement seule. Elle constitue une sorte d'élément de dégradation ou, du moins, de matérialisation et représente l'esprit terrien. Elle s'observe couramment en proportions importantes dans l'aura d'individus matérialistes, pratiques, doués pour l'organisation et remarquablement travailleurs. Dans tous les cas, elle indique le manque de dons parapsychologiques, un caractère avaricieux ou égoïste.

GRIS

Pour une aura, il s'agit d'une teinte sombre ; elle se rapporte essentiellement à des esprits fermés, à qui la vision, la force créatrice ou la puissance d'être émus font défaut. Si la personne dont l'aura est grise possède également un caractère violent, on remarquera des veines rougeâtres ou des taches rouges plus ou moins nombreuses.

NOIR

Cette teinte, opposée à l'aura et à la création, est le symbole d'une mort qui dépasse la mort physique. Elle est impossible à trouver à l'état pur dans la réalité, à moins d'avoir la malchance de rencontrer un être démoniaque.

La magie est née de l'aura

Il est indéniable que la recherche des énergies magiques, d'abord en Orient, a donné lieu à la culture attentive des pouvoirs de l'homme, comme du troisième œil, qui permet d'observer la nature de l'aura de tout être existant, et principalement des êtres humains. Cette pratique est d'ailleurs très antérieure à la naissance du brahmanisme et du bouddhisme.

C'est dans l'Égypte antique que fut reconnue, respectée et cultivée pour la première fois la magie. Fondée sur les pouvoirs de l'aura, elle fut conduite peu à peu à son niveau le plus élevé et devint une méthode appréciée pour se rapprocher des divinités et des esprits. En outre, elle constituait un excellent médium de clairvoyance ou de télépathie et facilitait l'accès à des pratiques paranormales très diverses.

Elle était utilisée bien avant l'an 2000 av. J.-C., lorsque des rêves curatifs étaient administrés à certaines catégories de malades dans les temples grecs d'Esculape ou que les fidèles étaient soumis à ce que l'on appelait le *rêve du temple*. Ce rêve-ci consistait en une entrevue onirique personnelle avec des esprits ou des divinités, où le patient demandait et tirait d'eux directement l'aura pure, lumineuse, puissante, garantie de chance et de succès dans la vie.

L'aura a donné naissance aux premiers magiciens

Ce sont les initiés d'une tribu de Médie qui soulignèrent les premiers l'importance de l'aura et du périsprit. Le périsprit, qui est à l'origine de l'aura, est le point d'union et de sujétion de l'esprit au corps, corps d'où il émane peu de temps après que la vie de l'individu se soit éteinte.

Les initiés de Médie agissaient comme s'ils eussent été infirmiers de l'esprit des hommes, en se fondant sur leurs profondes connaissances de l'aura. Ils nettoyaient l'aura des taches qui offensaient les divinités (ce sont les taches de l'aura qui sont l'origine « concrète » de la notion de péché). Ils dégradaient la destinée du pécheur, l'empêchaient d'avoir des rapports heureux avec son prochain, ébranlaient sa santé et le rendaient insignifiant et indésirable aux yeux de tous ceux qui devaient traiter avec lui.

Ces savants de Médie, qui exerçaient leurs fonctions sacerdotales en s'appuyant sur l'immortalité du périsprit et de son aura (qu'ils visualisaient comme un volume enveloppant la personne sur environ un mètre à partir de la peau, tel un halo de lumière et de couleur) furent les premiers à être appelés « magiciens » et à être connus pour leur pouvoir de réaliser des prodiges.

En fait, l'étymologie du mot « magicien » reste incertaine. Dès l'Antiquité, il désigne une spécialité, à l'instar des prêtres perses qui s'occupaient exclusivement d'astrologie. Les mages et les astrologues exerçaient une science interdite au peuple. Cependant, au cours des siècles, le terme de « mage » ou de « magicien » a fini par désigner le sorcier cultivé qui étudie toutes les possibilités de la matière et du périsprit, par opposition aux sorcières et aux sorciers qui, d'ordinaire, lui volaient la plupart de ses meilleures formules.

En résumé, prêtre à l'origine, le magicien est devenu un chercheur, puis un opposant aux sciences matérialistes, ce qui lui a conféré une image aussi indéfinissable que celle de l'aura sur laquelle il fonde son savoir. Il a été contesté, découvert, rejeté, admis, utilisé, occulté. L'histoire fourmille de magiciens qui voyageaient par la pensée, apparaissaient et disparaissaient à volonté et donnaient forme à de puissants enchantements.

Nous assistons actuellement à la résurgence des pouvoirs du périsprit avec le renouveau de l'hypnose et de diverses pratiques arrachées au patrimoine des sorciers. Dans les laboratoires universitaires et dans les casernes, on attend de ces pouvoirs qu'ils forment des soldats capables d'apparaître et de disparaître sur ordre, des espions capables de lire à distance dans l'esprit de l'ennemi, des policiers formés pour interroger des suspects sans formuler une seule question, des commandos entraînés à l'exécution d'une victime à des milliers de kilomètres sans autre instrument qu'une mèche de cheveux, et des juges capables d'emprisonner l'esprit du délinquant en laissant son corps en liberté... La magie, un peu comme aux anciens temps des prêtres de Médie, commence aujourd'hui à servir l'appareil répressif de l'État.

Les différentes appellations de l'aura

L'aura qui enveloppe le corps de l'homme peut se manifester de façons très différentes, ce qui lui a valu des appellations très diverses :

- achema (occultistes) ;
- atmosphère (parapsychologues du début du siècle) ;
- biomagnétisme (science moderne) ;
- champ personnel psy-plasma (1977, NASA) ;
- chi (moines Shaolin) ;
- effluve (De Rochas) ;
- électromagnétisme (NASA) ;
- ki (Bushido) ;
- od (Von Reichenbach) ;
- levier psychique (Crawford) ;
- puissance nerveuse irradiante (Blondot) ;
- radiobiologie (1916, Bechterev) ;
- rayons n (Killner, médecin anglais) ;
- téléplastie (William Crookes) ;
- télergie (chercheurs sur la télékinésie).

Tant de puissance et de gloire émanent du corps

Malgré son ancienneté, l'aura semble toujours être découverte à chacune de ses innombrables manifestations. Cependant, pour paraphraser Powerls et Bergier, elle ne présente aucune nouvelle caractéristique, à l'exception de propriétés qui ont été jadis volontairement oubliées et qui sont aujourd'hui exploitées, car il s'y trouve les pouvoirs les plus grands et, pourquoi ne pas le dire, les plus démoniaques que l'humanité ait connus.

La manipulation de l'aura par des méthodes indirectes (telles que l'utilisation d'éléments détachés du corps de la personne et les nombreux moyens dérivés de l'hypnotisme et de la fascination volontaire) a été pratiquée par les mages et les prêtres jusqu'au troisième siècle de notre ère. Ensuite, seule l'œuvre de Paracelse (1493-1541) fit de nouveau connaître comment cet idéal universel permet d'atteindre la spiritualité et les pouvoirs inconcevables placés dans chaque cellule humaine.

Les particules de matière subtile, ou les intuitions de Descartes

Pourtant, la connaissance ne disparut pas. En fait, la vérité ne se cache jamais complètement, de sorte que les esprits supérieurs sont toujours capables de la saisir.

Le savant et philosophe français René Descartes (1596-1650), que l'on considère comme le grand-père de la science moderne, déduisit dans son ouvrage les *Principes de la philosophie* (1664) que le fondement matériel de la vie psychique résidait dans la circulation d'une humeur très particulière le long des tubes nerveux et qu'il supposait être sécrétée par une glande appelée « glande pinéale ».

Ce savant illustre avait sûrement saisi la réalité du périsprit et de ses émanations d'énergie (ou aura).

« Lorsque les particules de matière subtile [...] rencontrent une matière apte à recevoir leur action, écrivit-il, elles produisent des effets extrêmement rares et merveilleux comme [...] d'ébranler l'imagination des dormeurs et celle des personnes éveillées en leur insufflant des pensées qui leur signalent des événements survenant à des endroits très éloignés ; elles peuvent même leur faire ressentir la joie ou l'affliction d'un ami. »

Messmer et la redécouverte de la force magnétique

À l'apparition du génie de Messmer (1734-1815), le pouvoir du genre humain fut de nouveau porté au pinacle. Sa personnalité et ses découvertes éclipsèrent les travaux méritoires d'autres chercheurs, comme les prêtres jésuites Kircher et Hell qui étudiaient la puissance de l'aura à travers l'hypnotisme et qui étaient également reconnus par leur écrits, tels *Experimentum mirabile de imaginatione gallinae* et un second ouvrage portant sur l'action curative de l'aimant sur l'organisme. Ce dernier livre constitue, notons-le, l'un des points de départ les plus brillants pour l'étude moderne de l'aura et des propriétés magnétiques du corps induites.

Messmer, quant à lui, éclaira le monde entier en exposant la réalité de l'essence, ou fluide universel, qui jaillit de tout ce qui existe, dotant les êtres humains d'une source de sagesse, de spiritualité et d'inspiration à laquelle chaque individu s'abreuve selon sa constitution astrale.

Les premiers enregistrements scientifiques de l'aura

C'est en 1870 que débute le véritable mariage de la science et de la parapsychologie à travers la redécouverte du rôle immense joué par l'aura, en particulier dans l'hypnotisme. Dès 1845, le baron von Reichenbach avait effectué de remarquables découvertes sur les propriétés de l'aura sur les aimants, les cristaux et les êtres humains, inspirés précisément par les intuitions de la Hauffe.

Cependant, il est possible d'affirmer que tout commença vraiment avec la déclaration bouleversante du célèbre docteur William Crookes, lorsqu'il rendit publiquement compte du résultat de ses recherches sur les phénomènes paranormaux induits ou renforcés par l'hypnotisme. « Je ne saurais, déclarait-il magistralement, me prononcer sur la cause des faits dont j'ai été le témoin. Cependant, le fait que certains phénomènes physiques, tels que le déplacement d'objets et de bruits semblables à des décharges électriques, se produisent dans des circonstances impossibles à expliquer par aucune loi physique actuellement connue, constitue une réalité dont je suis aussi sûr que de l'expérience la plus élémentaire de chimie. Toutes mes recherches scientifiques ont été une longue suite d'observations minutieuses, et il est clair que les faits que j'affirme ici sont le résultat des recherches les plus scrupuleuses. »

Après cette déclaration qui ébranla l'édifice de la raison académique, des démonstrations se produisirent dans le monde entier, qui prouvaient que le souffle biblique était beaucoup plus qu'une figure de rhétorique.

Preuve de la matérialité du halo : son poids

En 1856, le docteur Hare, professeur à l'université de Pennsylvanie, publia les résultats d'une série d'expériences qui démontraient que le poids des objets pouvait augmenter sous l'action des forces exercées par les esprits pour se manifester. Autrement dit, l'hypnotisme, en tant que trait d'union entre les vivants et les morts, transportait plus que des rêves, à moins que ces derniers ne pesassent concrètement, comme ironisèrent certains.

Ce poids est certainement apporté par les médiums spirites et appartient à la substance semi-matérielle que les esprits leur prennent pour se faire percevoir des vivants par des moyens plus tangibles que la télépathie ou la voyance. Ouvrons ici une parenthèse : la télépathie ou la voyance proviennent également de manifestations de l'aura sur la conscience. L'aura est, par ailleurs, en relation constante et intime avec l'âme universelle, ce qui lui permet de capter et de transmettre des informations à la personne en assimilant et en interprétant uniquement sous forme d'images les effluves des auras participantes, ce qui est capté par la personne sous forme de vibrations.

Aura et programmes spatiaux

Le docteur Konecci, haut responsable de la NASA, a révélé récemment que, « aux États-Unis, des expériences qui concernaient les phénomènes de transferts d'énergie ou les relations entre les champs physiques de particules et le champ personnel psy-plasma étaient réalisées ou programmées.

[...] Les résultats d'une recherche valable sur le transfert d'énergie pourraient conduire les savants et les ingénieurs de l'Occident à de nouveaux moyens de communication, de nouvelles techniques de survie et apporter un élément biocybernétique au concept de vol opérationnel. Ce projet pourrait naître d'une recherche menée actuellement par la NASA sur les sous-ensembles de données et certaines capacités sensorielles autonomes de l'astronaute. »

Les pouvoirs de l'aura

La communauté scientifique fut également ébranlée par le pouvoir qu'Eusapia Palladino, une femme analphabète, exerçait à l'encontre des lois naturelles.

Le célèbre psychiatre et criminologue Cesare Lombroso la fit connaître dans le monde entier. Poussé par un de ses amis scientifiques, le professeur Chiaia, il avait accepté de voir la femme qu'il considérait simplement comme une sorcière hystérique et fut envahi par la perplexité. Peu après s'être assis devant une énorme table de simple apparence en compagnie d'une dizaine de personnes et y avoir posé les mains comme on le lui avait indiqué, il entendit des coups puissants. Puis, le meuble commença à s'élever sans que personne fît le moindre geste. Il atteignit d'ailleurs une telle hauteur qu'il était nettement possible de vérifier que personne n'intervenait dans son « vol ». Ensuite, une lourde cloche s'éleva également dans les airs et se mit à flotter au-dessus des personnes présentes en sonnant de façon folle et assourdissante.

Le docteur Lombroso toucha immédiatement les mains de l'étrange paysanne pour vérifier une fois de plus qu'elle ne faisait rien physiquement pour produire ces événements. Mais ensuite, comme si l'intelligence à l'origine de ces prodiges avait lu sa pensée, de nombreuses mains invisibles se mirent à passer le bout de leurs doigts sur son visage, comme l'auraient fait des dizaines d'insectes voletant autour des lumières qui éclataient sous forme d'étincelles tout près de lui et dans toute la partie supérieure de la pièce.

Après cette séance, dont il sortit épuisé, avec l'image du sourire déconcertant d'Eusapia Palladino fatiguée, gravé pour toujours dans sa mémoire, le docteur Lombroso désira assister de nouveau à une démonstration de ses pouvoirs. Il devait, pensait-il, se libérer totalement de la faiblesse et de la naïveté qui caractérisent généralement ceux qui se laissent convaincre par les prouesses de ces êtres ignorants, souvent invalides et finalement pathétiques, qui croient être dotés de pouvoirs particuliers. Non, il ne serait pas l'un de ces romantiques toujours prompts à s'émerveiller au moindre feu follet. Il devait, étant déjà prévenu contre l'émotion, examiner le comportement d'Eusapia avec attention et sous tous les angles possibles.

Face à la force colossale d'une humble femme

Il obtint rapidement un nouveau rendez-vous et, dans une demeure misérable, vit un chandelier s'élever et se diriger, comme mû par sa force propre, vers un plat rempli de farine qui se renversa complètement sur le chandelier sans que tombe un seul granule.

Lombroso et ses collègues furent particulièrement intrigués par la nature d'une énergie, semblable à l'électricité, qui produisait dans l'air des étincelles. Pour Lombroso, il était évident qu'ils se trouvaient devant une forme d'énergie inconnue, capable de transformer le cours de la science. Il ne pensait plus à la supercherie. Pourtant, des duperies, il y en eut, avec des charlatans et des illusionnistes plus ou moins doués ; et la mauvaise foi fut également active, surtout parmi les hommes de science qui ne résistaient pas à la facilité de nier *a priori* l'évidence et dont l'esprit s'affinait mesquinement pour constater et dénoncer les fraudes, condamnant aveuglément tout ce qui échappait à leurs analyses.

À la fin de cette séance, après qu'il eut parlé à la médium pendant un moment, il sortit de la maison. Il n'était plus le même homme. Quelques mois après en écrivant, il disait tristement : « je suis confus et affligé d'avoir combattu aussi vaillamment la possibilité de faits appelés spirites... ». Cependant, il avait vu.

Il eut ensuite le bonheur de poursuivre ses examens méticuleux à travers les dix-sept autres séances qu'Eusapia lui offrit en présence de nombreux autres chercheurs, comme le médecin Schrenck-Notzing et les physiciens Gerosa et Ermacora. Un petit nombre d'esprits rationnels et tolérants contemplèrent ainsi médusés Eusapia en train de s'élever au-dessus d'une table, assise sur sa chaise, dans un tumulte d'étincelles, d'éclairs et de sifflements.

Hypnotiseurs et médiums

Comme nous l'avons déjà dit, les milieux scientifiques qui devaient analyser et expliquer les phénomènes paranormaux donnèrent initialement à l'aura le nom de « force psychique ». La notion d'« aura » (c'est ce terme que nous employerons) fut véritablement remise au goût du jour en Occident à partir des théories de Crookes, résultat de ses recherches tenaces et très admirées. C'est par l'aura qu'il expliqua l'hypnose ou les transes du médium. L'aura, écrivait-il, est « une force ou un pouvoir par lesquels certains êtres intelligents peuvent provoquer les phénomènes qui ont tellement intrigué les scientifiques. »

L'être psychique peut se séparer de l'être vivant

La théorie de Léon Denis sur les rayonnements psychiques est complémentaire de la précédente. Il l'exposa à Paris, en 1900, pendant le Congrès international de psychologie, en soutenant que l'être psychique peut s'extérioriser ou se détacher du corps humain.

Il convient d'évoquer également la théorie de la réverbération de Görres, une systématisation intéressante des états mentaux qui produisent les phénomènes parapsychologiques. D'après ce chercheur, la pensée du magnétiseur peut se détacher de lui, glissant en quelque sorte par son aura sur celle du magnétisé et se réfléchissant dans l'esprit de ce dernier de sorte qu'il soit amené à répondre en fonction de la catégorie de pensée qu'il a reçue. Les réponses du magnétisé seraient donc la réplique exacte des pensées du magnétiseur. Cette explication subtile du mécanisme de l'aura fut confirmée ultérieurement par des phénomènes étonnants. Ainsi, en 1923, Alexander Gurvich observa la communication entre les auras des cellules. Il remarqua, avec une pointe de scepticisme, comment une sorte de message passe d'un tube de culture cellulaire au tube voisin, afin que les deux tubes synchronisent leur processus de division cellulaire.

Pour s'assurer que le phénomène était réel et qu'une forme de communication s'établissait réellement entre les deux cultures, il les sépara par une épaisse paroi de verre. Les cultures interrompirent leur processus biologique. Cependant, quand il utilisait du quartz au lieu du verre, la communication reprenait et la division cellulaire devenait de nouveau synchronisée.

Ce phénomène est identique à celui que provoque le fœtus chez ses parents pendant les premiers mois de sa formation dans le ventre maternel, lorsque ses géniteurs accusent physiquement la fusion des auras (à partir de l'ovule et du spermatozoïde en proportion égale) qu'il effectue pour former la sienne. Nous reviendrons plus en détail sur ce phénomène.

Les cellules émettent donc un rayonnement lumineux de type biophotonique, qui constitue un moyen de communication pour, entre autres choses, synchroniser ou homogénéiser leur évolution et s'informer des conditions régnant chez les unes et les autres. On finira bientôt par reconnaître que le cerveau agit de même. Après tout, la télépathie fait déjà l'objet de recherches et il ne reste qu'à admettre que la pensée voyage d'un esprit à un autre en se déposant sur l'aura universelle qui nous enveloppe, et se déplaçant comme des bulles de lumière au milieu d'une houle dorée.

L'inaltérabilité de l'aura est la cause d'une fameuse sensation, connue sous le terme de « membre fantôme ». Il arrive fréquemment à une personne amputée de sentir qu'elle possède toujours le membre perdu et qu'il lui fasse mal. L'explication réside dans le fait que les cellules disparues ont été éliminées physiquement, mais que leur rayonnement continue. En d'autres termes, ce rayonnement ne correspond pas exactement aux cellules, mais, comme le soutiennent actuellement les professeurs Inyushin et Dombrovsky, « tous les êtres vivants possèdent, en dehors du corps physique formé par des atomes et des molécules, un second corps composé uniquement d'énergie ». Ce corps d'énergie n'a pas subi d'amputation et conserve le membre que le corps physique a perdu. C'est cette partie d'aura qui envoie aux cellules un message urgent en utilisant le signal de la douleur, signifiant le deuil du membre perdu. L'énergie correspondant au membre amputé persiste quelque temps, puis disparaît.

Entre matérialité et spiritualité

La théorie du corps astral élaborée à la fin du siècle dernier a exercé et exerce encore une grande influence. Exposée avec une magnifique objectivité par le docteur Encausse, plus connu sous le pseudonyme de « Docteur Papus », elle indique qu'il existe entre l'esprit et le corps une entité spéciale. Il s'agit du corps astral, de ce corps bioénergique dont la mission consiste à rassembler le physique et le spirituel. Il détermine l'élaboration de toutes les forces organiques, et particulièrement la force nerveuse, la façonnant d'après l'influence de la position des astres au moment de la naissance.

Cette conception du périsprit, qui est peut-être la plus proche du concept d'od, affina la perception de l'aura, tout en mettant en valeur la sagacité des sages de l'Antiquité. Hippocrate, père de la médecine, qui avait compris la double nature matérielle et immatérielle de l'aura et les relations étroites de l'aura personnelle avec l'aura universelle, avait, dès le IVe siècle avant Jésus-Christ, affirmé une fois pour toutes qu'« il n'existe pas de bon médecin qui ne soit astrologue ».

L'homme céleste

L'influence des astres sur le fonctionnement du corps est expliquée actuellement par rapport à l'humanité seconde de l'homme, autrement dit par rapport à son corps énergétique. Ainsi, l'énergie bioplasmique reçoit l'empreinte de l'énergie qui domine l'atmosphère au moment où l'aura de l'être humain devient autonome, c'est-à-dire au moment de sa naissance, lui imposant des caractéristiques physiques déterminées par les astres. D'après le *Zohar*, œuvre monumentale à l'origine de la Cabale, « le mystère de l'homme terrestre est le mystère de l'homme céleste. Et tout ce que nous observons dans le ciel, dans le firmament qui recouvre toute chose, tous les signes occultes, formés d'étoiles et de planètes, qui renferment des secrets et des mystères profonds étudiés par les sages et les experts, tous ces profonds secrets se répercutent sur notre peau et cachent de profonds mystères ». Ainsi, on observe qu'une personne née par exemple sous le signe des Gémeaux est particulièrement douée pour les activités qui supposent l'emploi des deux bras, comme la boxe, l'escrime, etc., mais qu'elle est particulièrement sujette aux maladies respiratoires. Parallèlement, on remarque que l'individu venu au monde sous le signe du Lion est particulièrement agile et adroit dans la lutte en corps à corps, mais qu'il finit par souffrir de maux comme le lumbago.

Enfin, il nous semble particulièrement précieux de signaler les parties du corps qui, selon la tradition occultiste, reçoivent l'influence aurique des astres de chaque signe, déterminant un capital de forces et de faiblesses que l'aura de la personne porte dans son corps et dans son esprit pour la vie.

Parties du corps gouvernées par chaque signe

Bélier : tête, cerveau, mâchoire supérieure.

Taureau : mâchoire inférieure, cou, gorge, larynx, langue, bouche, amygdales, vertèbres cervicales, voix.

Gémeaux : poumons, cage thoracique, diaphragme, bras, mains, jambes, trachée, artère, système nerveux.

Cancer : poitrine, seins, estomac, œsophage, suc gastrique.

Lion : dos, cœur, vertèbres dorsales, aorte.

Vierge : ventre, intestins, pancréas, rate, vésicule biliaire.

Balance : reins, hanches, vertèbres lombaires, glandes surrénales.

Scorpion : organes sexuels, crâne, nez, prostate, rectum, anus, vessie.

Sagittaire : fesses, cuisses, foie, nerf sciatique, sacrum, coccyx.

Capricorne : genoux, squelette (à l'exception du crâne, attribué au Scorpion), peau, dents, ongles et cheveux.

Verseau : jambes, chevilles, tendon d'Achille.

Poissons : pieds, système lymphatique.

L'od est l'aura conçue comme élément unificateur de l'être

L'od serait, dans la théorie du baron Von Reichenbach, une force naturelle de l'être humain, l'agent qui pénètre et agglomère toutes les substances, ce que l'on pourrait imaginer comme étant le souffle divin. D'après la théorie spirite, ce phénomène explique tout ce qui survient par intervention directe des esprits, c'est-à-dire des âmes des morts, invoquées par les sujets qui possèdent la faculté de communiquer avec eux.

Plus généralement, pour les spécialistes de l'occulte, l'od est une subdivision, une expression, une goutte de l'esprit de Dieu. L'od flotte dans l'univers et se manifeste à l'heure actuelle sous la forme d'une mer de connaissance et d'inspiration destinée à être captée par les antennes privilégiées que sont les cerveaux du genre humain.

Il semble que ce soit cette force décisive qui ait distingué l'homme des singes et l'ait rendu apte à recevoir un esprit. Cet esprit reste dans le corps, tandis que l'émanation vitale produite par le périsprit est l'organe intermédiaire, le trait d'union entre le matériel et le spirituel.

Une nouvelle science : la biomagnétologie

Ces théories aboutirent à la création d'une nouvelle science, la biomagnétologie, qui étudie et mesure les champs magnétiques émis par les organismes vivants, et en particulier le corps humain. Dès son admission dans le cercle scientifique, dans les années 70, son importance s'est manifestée dans les domaines de la biologie, de la médecine et de la psychologie. Il convient d'admettre que les pionniers du biomagnétisme, alors qualifiés d'utopistes et de charlatans, ne s'étaient pas trompés et ne méritaient pas le mépris avec lequel ils furent traités. De fait, bien qu'il s'agisse d'une nouvelle discipline scientifique, celle-ci est utilisée en France depuis deux cents ans dans le but de soigner différentes maladies ; ainsi, on magnétisait les eaux dans lesquelles était dispersée, comme des sels de bain, de la limaille de fer.

Aujourd'hui, il a été prouvé que le principe sur lequel elle reposait était réel ; cependant, malgré les différentes inventions magnétiques qui ont été faites, la « magnétothérapie » manque encore de bases suffisamment solides car le type d'énergie sur lequel elle se fonde n'a pas encore été défini. Ainsi, il nous faut admettre que l'aura n'est pas encore reconnue, bien que la plupart des grandes universités consacrent au moins un laboratoire à l'étude des phénomènes parapsychologiques qu'elle produit.

Le seul moyen médical de guérison vraiment vérifié par la manipulation de l'énergie biomagnétique est l'acupuncture ; ainsi, chaque expérience tente de prouver que cette énergie existe, mais qu'elle est incontrôlable une fois que son flux s'est altéré. Pour le moment, l'objectif des chercheurs consiste à mesurer les champs magnétiques des organismes vivants, à vérifier les rapports existants entre les mesures du magnétisme, les processus biologiques et les activités des différents organes.

Les champs magnétiques du corps humain

Indiquons également que l'une des premières conséquences de l'hypnotisme, au sens d'un rêve permettant que les pouvoirs parapsychologiques du sujet soient également assumés par la participation active d'une autre personne, réside dans l'altération de l'aura du sujet qui fusionne partiellement avec celle de l'hypnotiseur.

Mais comment notre corps produit-il ces champs magnétiques et quelle est leur intensité ? Nous pouvons également nous demander si les champs magnétiques du corps humain déterminent une activité vitale quelconque ; la science pourra-t-elle réussir à diagnostiquer des maladies en évaluant l'état de cette énergie, comme le font les experts de l'aura humaine ? En d'autres termes, réussira-t-on à effectuer un diagnostic par magnétisme ?

Pour répondre à ces questions, nous devons partir de la relation entre le phénomène magnétique et l'électricité. Même la terre possède une aura, qui est en fait un aimant dont les pôles magnétiques sont orientés précisément vers les pôles terrestres. Cependant, notre planète est immergée à son tour dans un courant d'énergie interminable qui comprend le système solaire.

Le corps humain présente différentes sources de champs magnétiques. D'une part il existe de petits courants électriques, des ions de sodium, potassium et chlore qui se déplacent à travers le volume de l'organisme vivant et naissent de ses mouvements, c'est-à-dire des contractions musculaires et de la transmission d'influx nerveux. Ces courants produisent des champs magnétiques variables, avec une fréquence pouvant atteindre 100 Hz et une intensité de l'ordre d'un millionième de celle du champ magnétique terrestre.

Réalités du magnétoencéphalogramme et du magnétocardiogramme

Les différents organes du corps engendreraient donc une partie de la totalité de l'aura, en émettant chacun une couleur et une densité caractéristiques qui permettraient de les identifier. Ainsi, le cerveau et le cœur sont des organes qui produisent des courants ioniques, c'est-à-dire électriques.

Nous savons aujourd'hui que nous sommes des êtres dotés d'une force magnétique et que nous vivons dans un océan de forces de même type encore méconnues par la science. Les termes « électroencéphalogramme » et « électrocardiogramme » correspondent aux enregistrements des courants électriques engendrés par l'activité cérébrale et cardiaque.

Au moyen des courants électriques produits dans le cœur et le cerveau, il est possible de mesurer et d'enregistrer sur le papier l'activité des champs magnétiques qui résident dans la tête et la poitrine, opération qui a donné naissance aux termes respectifs de *magnétoencéphalogramme* et *magnétocardiogramme*.

Rajeunissement par l'aura

En résumé, ces champs magnétiques dont la somme se manifeste par l'émission caractéristique d'énergie que constitue l'aura, n'ont pas seulement pour origine le corps : ils sont également reliés à la source primitive ou mer d'énergie universelle ; celle-ci reçoit d'autres appellations, telles que *od*, et, chez certaines personnes, elle agit avec une puissance exceptionnelle et se traduit par des effets rajeunissants (qu'on se souvienne de la pratique du transfert d'énergie, consistant à faire dormir une personne jeune à côté d'une autre, très âgée, afin que le matin suivant, celle-ci se lève en pleine forme et que la jeune soit extrêmement fatiguée).

Ce rajeunissement ne s'opère pas uniquement chez des organismes vivants ; lorsque les objets sont touchés par le rayonnement d'une aura puissante, ils émettent une datation très faible. Il s'agit essentiellement d'une force vitale, le souffle même de la vie qui fut insufflé à la surface du monde à l'aube des temps de façon que tout objet touché par elle soit protégé contre l'action du temps.

L'aura peut engendrer la maladie

Les sorcières et les guérisseurs du monde entier, surtout d'Amérique latine, où les connaissances des civilisations précolombiennes étaient tellement attachées au côté surnaturel de la nature humaine qu'elles s'exhibaient par des phénomènes paranormaux, apprirent à nettoyer parfaitement l'aura au moyen de divers procédés, améliorant ainsi le sort, l'intelligence et la santé des individus ; ils affirmaient qu'elle possédait différentes teintes, chacune possédant un sens spécial selon le sexe, l'âge et l'état d'âme du sujet au moment de son examen.

Vêtements imprégnés de l'aura d'un individu

L'aura tend à revenir vers son maître ; il s'agit de l'une de ses propriétés les plus évidentes. C'est pourquoi, si l'une des personnes qui interviennent dans l'échange télépathique appuie sur son front un vêtement imprégné de l'énergie périspirituelle de l'autre, elle réussira à attirer l'onde télépathique pendant qu'il se concentrera sur l'émission ou la réception du message.

Il faut signaler également que les nombreuses applications des vêtements imprégnés par l'aura de leur propriétaire ne sont pas des découvertes actuelles. Il y a encore quelques décennies, les laboratoires universitaires qui s'efforçaient de déterminer la manifestation volontaire des phénomènes extra-sensoriels ne les employaient pas comme agent renforçateur : ils ne les utilisaient pas, car ils considéraient que cela aurait constitué une concession par trop éhontée à la sorcellerie, les portes des principales universités du monde s'étant alors ouvertes aux phénomènes parapsychologiques.

Cependant, certaines découvertes leur firent soudain reconsidérer le fait que depuis une époque très reculée, des magiciens et des initiés de toute catégorie cherchaient avidement à s'approprier des vêtements ou des bijoux restés suffisamment en contact avec le corps de personnes qu'ils désiraient soumettre ou auxquelles ils désiraient faire du mal.

De même, l'habitude chez les amoureux de se faire cadeau d'une mèche de cheveux tire son origine des débuts de la magie. Inutile de dire que cette coutume favorisait le phénomène qui attire encore aujourd'hui l'attention des jeunes, lorsqu'ils rencontrent des coïncidences de type télépathique aussi bien pendant leur réunion que pendant leur éloignement. En d'autres termes, cette mèche leur donne l'impression, parfois très réelle, de représenter un tendre trait d'union lorsqu'ils se séparent ou un stimulant supplémentaire lorsqu'ils se retrouvent ; cela accentue leur union mentale et maintient vivante leur union sentimentale.

Hypnotisme à distance

Les personnes qui ont pu observer l'aura pendant les séances d'hypnotisme télépathique décrivent le phénomène comme étant précisément une suite de réverbérations qui se produisent au sommet de la tête, aussi bien celle de l'émetteur que celle du récepteur. Quelqu'un l'a même comparée à un caisson lumineux dont on soulèverait le couvercle pour laisser les pensées, telles des sphères lumineuses, s'éloigner en flottant dans l'espace afin qu'elles finissent par éclater au sommet d'une autre tête, ou se fixer à différents endroits de la maison, comme si elles attendaient qu'une tête les accueille et les admette comme « idée propre ».

Les Soviétiques progressent dans la téléhypnose

Déjà au cours des années 60, Leonidas Vassiliev, héritier intellectuel du célèbre Bechterev et titulaire de la chaire de physiologie à l'université de Leningrad, fut en mesure de publier le résultat d'une longue série d'expériences très surprenantes ayant trait à l'aura. Il s'agissait de l'histoire de ses travaux dans le domaine de la téléhypnose.

Vassiliev avait réussi à faire obéir des personnes hypnotisées à des suggestions ou à des ordres transmis mentalement à partir d'un endroit très éloigné ; on commença les expériences en les faisant se réveiller au moment où l'hypnotiseur l'ordonnait par la pensée depuis une autre pièce. Ensuite, d'autres sujets hypnotisés étant dans une autre pièce, il s'agissait de les faire tomber par le même processus, en leur ordonnant par télépathie de sentir que leurs jambes ne pouvaient plus les soutenir ; cela établissait pour la première fois que la faiblesse perçue par les sujets avait été captée et déterminée par leur corps énergétique ou aura. De fait, Victor Adamenko a récemment refait et élargi ce type d'expérience en se fondant sur le *syndrome du membre fantôme*. Selon l'explication du docteur Albert Szente Gyorgyi, ce second corps, qui pourrait être un flux permanent d'électrons circulant librement dans l'organisme, posséderait des pouvoirs inexplicables autrement.

La télépathie hypnotique est une projection de l'aura

Ces expériences se réalisèrent bientôt entre deux villes, ce qui permet de comprendre l'importance de cette découverte, même dans le domaine militaire. Les responsables qui vinrent constater les faits ne purent qu'admettre la réalité : un homme à Moscou pouvait, à un moment donné et sans intervention d'un moyen classique de communication, influencer de manière décisive un autre homme agissant à Leningrad. Cet événement dépassait la marge de crédibilité que les écrivains de science-fiction concédaient à leurs personnages. Il ne serait donc pas étonnant que les communiqués gouvernementaux sur les progrès dans ce domaine se raréfient à l'avenir.

La guerre irréelle

Pour prolonger la question des utilisations possibles de vêtements à des fins militaires, il convient de signaler qu'elles entraîneront bientôt un changement radical de nombreuses habitudes de vie, à commencer par celles des cercles gouvernementaux.

Pour le comprendre, il faut dire qu'aujourd'hui les portes et les murs du Kremlin sont enduits d'une substance ou d'une série de substances indéfinies comprenant des composés très anciens qui, selon le personnel de nettoyage, visent à empêcher la pénétration d'actions parapsychiques antagonistes ; de même, à la Maison-Blanche et au Pentagone, la pratique instaurée dans les années 50 selon laquelle tout matériel pouvant être jeté dans une corbeille à papiers (comme les rubans de machines à écrire) doit être contrôlé, a été élargie ;

en effet, on avait constaté que non seulement les espions fouillaient avidement à la recherche d'écrits, mots ou syllabes isolées, mais qu'ils s'intéressaient également aux chemises, chaussettes, caleçons et à toutes sortes de vêtements usés, ainsi qu'aux cheveux, rognures d'ongles et autres échantillons physiologiques appartenant aux femmes et aux hommes détenteurs de secrets et exerçant des fonctions gouvernementales et militaires délicates.

Actuellement, les costumes du Président ne sont plus envoyés à une simple teinturerie ; leur nettoyage est effectué par un personnel spécialisé contrôlé par la CIA ; celle-ci contrôle également le barbier et l'équipe d'esthéticiennes chargés de soigner l'image du couple présidentiel.

Ce qui est certain, c'est qu'il n'est plus possible de dissimuler l'intérêt que toutes les branches de la parapsychologie ont suscité à partir de 1916 dans l'armée et l'industrie, lorsque le remarquable Bechterev, adjoint de Pavlov, commença une série d'expériences destinées à percer toutes les possibilités entraînées par l'exploitation de l'énergie physique de l'homme. Il réunit tous les phénomènes liés sous le terme de *radiobiologie* ; pour lui, l'aura et ses pouvoirs représentaient le fondement du concept de *paranormalité.*

Grâce au docteur Bechterev, on est passé de l'exécution de simples prodiges, tels que la lecture de documents enfermés dans des enveloppes, la localisation de personnes situées à des endroits éloignés ou la captation de l'effluve périspirituel (ou aura) de personnes séquestrées ou participant à des actes délictueux, à l'exercice d'une paranormalité spécifique permettant d'agir dans des missions gouvernementales « top secret » ; tel est le cas des commandos dont l'arme principale réside dans une capacité surdéveloppée de suggestion et même d'hypnotisme à distance de l'ennemi (hypnose télépathique), avec tous les effets qu'elle implique, comme celui de l'invisibilité.

Le retour de l'hypnotisme à la magie

D'après les déclarations de l'un des plus hauts responsables de la NASA, le professeur Eugène Konecci, au quatorzième congrès de la Fédération internationale d'astronautique tenu à Paris en 1977, des progrès considérables ont pu être constatés récemment. Eugène Konecci a en effet affirmé que le programme soviétique attachait une importance extrême à « la nature et à l'essence de certains phénomènes de communication électromagnétique ». Il ne savait pas que ses paroles en disaient beaucoup plus long que ce qu'il imaginait : il était en train de reconnaître officieusement que les portes de la science s'ouvraient à tous les phénomènes occultes qui étaient auparavant, et très difficilement, à peine reconnus et tolérés.

Il faut particulièrement souligner la désinvolture avec laquelle le savant américain se réfère au *caractère électromagnétique* d'un phénomène parapsychologique, prononçant le terme aussi naturellement que le professeur Bechterev prononçait celui de *radiobiologie* en parlant de l'aura.

L'hypnotisme paranormal

En effet, la voyance, la télékinésie et surtout la télépathie connurent un renouveau considérable lorsque la plupart des gens se rendirent compte des possibilités d'y accéder par l'hypnotisme. Ainsi, il suffisait à des individus qui n'avaient jamais imaginé posséder des aptitudes paranormales, de plonger dans la transe hypnotique pour réaliser des prodiges.

De même, on en vint à croire que la transmission de pensée entre l'hypnotiseur et l'hypnotisé ne constituait que l'un des nombreux phénomènes causés par la transe hypnotique, car il s'agissait d'un formidable agent renforçateur de tous les pouvoirs occultes de l'être humain.

La plupart des traités anciens regroupent naturellement les phénomènes télépathiques, comme s'il s'agissait d'un état unique et de ses possibilités.

L'extériorisation de la sensibilité par l'hypnotisme

De fait, les découvertes dans ce domaine, et qui sont restées cachées « dans l'intérêt public », sont très nombreuses. On peut inclure parmi celles-ci les découvertes effectuées par des scientifiques d'une honnêteté reconnue, comme Richet et le colonel de Rochas qui découvrit justement le phénomène de l'extériorisation de la sensibilité. Émile Boirac a décrit ses travaux d'une façon très intéressante et significative ; c'est pourquoi nous nous permettons de prendre un exemple où l'on remarque la nature intime de l'énergie humaine qui, se manifestant dans l'aura, est émise par le corps humain à partir de son périsprit.

Piqûres et pincements dans le vide

« Le sujet est endormi et nous ajoutons qu'il lui est impossible de voir car nous lui avons bandé les yeux ; sans lui donner aucune explication, un vase rempli d'eau aux trois quarts est placé entre ses mains, de sorte qu'il repose par exemple sur la paume de la main gauche tendue horizontalement, tandis que la paume de la main droite recouvre la partie supérieure du vase à quelques centimètres au-dessus de l'eau.

L'hypnotiseur effectue quelques passes au-dessus de la main

placée au-dessus du vase et après quelques instants, il vérifie par des contacts, des pincements et des piqûres la sensibilité du dos de la main.

Si la sensibilité persiste, il continue d'effectuer les passes ; cependant, après quelque temps, de cinq à dix minutes, le sujet ne réagit plus. Ensuite, sans parler, l'opérateur pince brusquement l'air, à trois ou quatre centimètres de la peau et immédiatement, le sujet montre par ses mouvements, une moue caractéristique et même par un cri, une sensation très vive. La même chose se produit après une piqûre exercée dans l'air de la même façon. Si l'on retire ensuite le vase des mains et que l'opérateur s'éloigne de plusieurs mètres, tout contact, pincement, piqûre, etc., que ce soit dans l'eau ou à quelques centimètres au-dessus, entraîne une réaction immédiate du sujet ».

« Mais je suis cette eau ! »

« J'ai expérimenté ce phénomène sur de nombreux sujets. Chez Ludovic S., il s'est manifesté dès le début, en dehors de toute explication possible, de toute suggestion préliminaire, avec une netteté et une rapidité extraordinaires. La seule modification pendant l'évolution du phénomène fut que le sujet, qui se prêtait au début à l'expérience sans résistance et était quasiment indifférent à ce type d'expériences, finit par les reconnaître et les craindre, en raison de l'intensité extrême des sensations qui lui étaient normalement très douloureuses. Il finit également par se rendre compte du rôle représenté par l'eau dans ce phénomène. Il commença spontanément par se préoccuper du traitement réservé à cette eau et lorsque je lui en demandai la raison, il me fit cette réponse singulière : “Mais je suis cette eau !”

Cependant, si les sensations qu'il ressentait dans cette eau pouvaient être appelées “sa sensibilité extériorisée”, elles semblaient être infiniment plus vives que les sensations normales correspondantes, mais ne semblaient pas être clairement localisées. Les contacts, piqûres, pincements, etc., semblaient être ressentis dans le corps tout entier et non à un point déterminé ; c'est peut-être ce qui expliquait leur extraordinaire intensité.

Ce phénomène de l'extériorisation ouvre évidemment un champ illimité de suppositions et de recherches. En raison du manque de temps et de facilités suffisantes pour utiliser le sujet à notre gré, nous avons dû nous limiter à un petit nombre d'expériences qui permettent également de définir le niveau de généralité du phénomène. »

L'union par l'aura

« Voici les deux expériences destinées à vérifier cette hypothèse que j'ai réalisées avec deux autres sujets ; recommencées avec Ludovic S., elles ont donné les mêmes résultats. Après avoir endormi Ludovic S. et lui avoir bandé les yeux, je m'éloigne de lui et prends un vase à moitié rempli d'eau, comme si je voulais extérioriser ma propre sensibilité. Après avoir tenu le vase un certain temps (entre cinq et dix minutes), je m'approche du sujet qui, bien sûr, ignore tout de la manœuvre précédente ; je lui fais tenir le vase de la main gauche et introduire l'index et le médius de la main droite dans l'eau. Je m'éloigne de nouveau et vais me placer près de l'une des personnes présentes que j'ai auparavant prévenue de ce que j'allais faire. Chaque fois que l'un des témoins me pince, me pique, etc. à un endroit quelconque du corps, le sujet réagit instantanément avec force. Tout se passe comme si je m'étais moi-même extériorisé dans le vase et que toute secousse produite dans mon système nerveux se répercute le long d'un fil invisible allant du verre d'eau au système nerveux du sujet. »

Transmission de l'aura par l'eau

« Dans une autre expérience, je procède tout d'abord comme dans la précédente, mais au lieu de mettre le verre où je me suis extériorisé dans les mains du sujet, je le place sur une table à côté de l'assistance, prévenue comme je l'ai dit. Je m'approche alors de Ludovic S. et établis un contact avec lui en lui prenant la main. Chaque fois que l'assistant pique, pince, etc. la surface de l'eau, le sujet réagit simultanément avec force. Cette fois, il semblerait également que l'action exercée sur l'eau du verre parvienne par un fil invisible à mon système nerveux et de là, par une sorte de conduction, aux extrémités nerveuses du sujet la recevant et l'exprimant en conséquence.

Le succès de ces deux expériences me donna l'idée d'en essayer une troisième qui établirait la possibilité de créer artificiellement une communication entre les sensibilités de l'opérateur et du sujet. Voici quelle fut ma façon de procéder.

Après avoir endormi le sujet et lui avoir bandé les yeux, je mis entre ses mains le verre d'eau destiné à recevoir sa sensibilité extériorisée. Ensuite, je pris moi-même un second verre d'eau destiné à recevoir la mienne ; le sujet et moi restâmes ainsi quelque temps, jusqu'à ce que l'extériorisation se produise. Je pris alors un verre et le plaçai sur la table, à quelques centimètres du mien.

Précédemment, j'avais disposé en V un fil de cuivre recouvert de gutta-percha, à l'exception des deux extrémités. J'ordonnai aux deux assistants, toujours silencieusement, d'immerger chaque extrémité du fil dans chaque verre. Ce fil servait comme une sorte de conducteur entre les deux récipients. Ceci fait, je m'assis près d'une autre personne, également avertie du rôle qu'elle allait jouer par rapport au sujet.

Ludovic S. était assis à deux ou trois mètres de moi et nous nous trouvions tous deux à trois ou quatre mètres de la table où se trouvaient les deux verres. Dès que mon voisin commença à me pincer, me piquer, etc., le sujet réagit très fortement. Tout se passait comme si la secousse produite dans mon système nerveux se propageait le long d'un premier fil bien visible jusqu'au verre où j'avais extériorisé ma sensibilité ; de là, par l'intermédiaire du fil de cuivre, il passait dans le verre où le sujet avait extériorisé la sienne et courait enfin le long d'un second fil invisible jusqu'au système nerveux du sujet.

Cependant, à un moment donné, le sujet cessa de réagir alors que mon voisin venait juste de me tirer les cheveux assez fortement. Je pensai que cet arrêt dans le transfert de mes sensations était dû à la disparition de l'influence contenue dans les verres. Mais, en me retournant vers la table, je vis, par les gestes de mes deux assistants, que la véritable raison était très différente. »

Contrepoint imprévu

« L'un d'eux trouva en effet très amusant d'interrompre la communication en retirant de l'eau l'extrémité du fil confiée à sa garde. Sans le vouloir, il avait apporté le contrepoint à mon expérience. Lorsqu'il immergea de nouveau le fil dans l'eau, la transmission reprit. Le tiraillement de cheveux sur mon front se traduisit chez Ludovic S. par une sensation d'arrachement sur tout le corps. Il commença également à se plaindre et à protester, visiblement impatient. Mon voisin eut donc l'idée de recourir à des impressions moins fortes. Il prit ma main et la caressa doucement à plusieurs reprises. Nous vîmes tout de suite Ludovic S. ébaucher un sourire. "Oh, si c'est cela, vous pouvez continuer autant que vous voulez. Pourquoi pas ? Qu'êtes-vous en train de me faire ? Vous me caressez ?" Ludovic sentit même l'haleine chaude ou froide que mon voisin soufflait au dos de mes mains ; cependant, il s'agissait toujours d'impressions diffuses pendant lesquelles tout son organisme semblait participer complètement. »

Goût et effets d'une liqueur non bue

« Néanmoins, les sensations du goût parurent être transmises dans des conditions légèrement différentes. Lorsque je goûtai quelques gouttes de Chartreuse, le sujet exécuta simultanément des mouvements de déglutition et dit : "Que me faites-vous boire ? C'est une eau-de-vie très forte". J'avalai de nouveau quelques gouttes silencieusement, sans répondre. Nouveau mouvement de déglutition chez le sujet et nouvelle observation : "Elle est forte mais douce. Est-ce du Malaga ?" Sans répondre, j'avalai une autre gorgée. Le sujet avala en même temps et s'exclama : "Arrêtez car cela me monte à la tête". Je dis ensuite à voix haute que l'expérience paraissait avoir duré suffisamment et qu'il était temps de vider les verres. Le sujet se leva immédiatement en disant : "Oui, où est mon verre ?" et il s'avança comme s'il voulait s'en approcher ; cependant, aussitôt, il s'effondra sur le tapis. Les assistants et moi, un peu effrayés je l'avoue, nous précipitâmes pour le lever et le faire asseoir. Je lui demandai ce qui lui arrivait. Il me répondit : "Je suis saoul". Je m'empressai de lui enlever le bandeau et de le réveiller. Il ne lui restait aucune trace de son ivresse, aucun souvenir ni, d'après ce qu'il affirma, aucune fatigue. Il serait intéressant de poursuivre ces expériences en essayant de déterminer le rôle que joue le verre d'eau dans le phénomène d'extériorisation, par exemple en faisant varier les éléments dont il se compose, la nature du récipient, celle du liquide, l'ambiance, etc. »

Les états hypnotiques existent presque partout et à tout instant

Pour comprendre le caractère naturel, quotidien et presque spontané des états hypnotiques comme voie d'accès à l'aura et en tant que régulation de celle-ci, il faut constater qu'il ne s'agit pas de phénomènes éloignés et accidentels. Il s'agit de tendances qui rencontrent des possibilités de développement dans de nombreuses circonstances de la vie courante et confèrent à l'aura son homogénéité, son intensité et sa pureté. Ainsi, les enregistrements électriques du cerveau sur un électroencéphalogramme démontrent que certains rythmes sonores ou certains éclairs de lumière peuvent créer des anomalies dans le fonctionnement habituel du cerveau ; provoquant une grande tension, elles peuvent même provoquer des attaques de type épileptique qui se manifestent dans l'aura sous forme d'émissions intermittentes de couleurs jaune et rouge. Danser jusqu'à l'épuisement, comme cela se produisait pendant la célébration du sabbat, peut provoquer des états identiques à l'exaltation physique et mentale, ce qui, curieusement, imprime sur l'aura des nuances bleues et argentées ; ces tonalités créent dans l'esprit un niveau élevé de sensibilité envers tous les phénomènes de perception extrasensorielle, surtout ceux induits par l'hypnose.

Dans le culte haïtien du vaudou, il existe la croyance selon laquelle les divinités prennent possession d'une personne, généralement lorsque celle-ci danse au son des tambours ; les possédés adoptent alors un comportement identique à celui que l'on attribue aux divinités. Lorsqu'ils reviennent à eux, après une heure ou plus, ils ne paraissent pas du tout se souvenir de leurs actes, bien que l'observateur estime que leur comportement était intelligent et réel. Pendant la danse, un autre fait important est observé : le sujet émet une aura de couleur bleu foncé veinée de rouge et de doré.

Dans de nombreuses communautés aux États-Unis, les participants aux chants religieux finissent par être victimes d'attaques où l'aura bleu-rouge joue un rôle primordial dans la composition des visions ; il convient d'admettre qu'elles ne sont pas imaginaires, bien qu'elles appartiennent à une dimension totalement étrangère à celle de la matière et qu'elles présentent souvent un caractère symbolique.

Embellissement par l'aura

Le pouvoir de l'aura utilise même l'autosuggestion et atteint notre nature la plus profonde, là où se réunissent l'esprit et l'essence vitale. Les résultats d'une telle puissance se traduisent dans des faits qui seraient considérés comme des miracles s'ils ne semblaient pas obéir à un procédé simple.

Par exemple, on a observé que les enfants sont plus beaux à la naissance si pendant la grossesse, leur mère, poursuivant cet objectif, s'est extasiée sur des visages d'enfants ou de belles personnes, comme celles que les artistes de la Renaissance donnaient aux anges, aux vierges et aux saints ou que les photographes modernes donnent aux acteurs de cinéma.

Nous sommes particulièrement opposés à l'hypnotisation d'une femme enceinte, car la transe peut entraîner une impression ou une modification de l'aura se traduisant par un développement déséquilibré du fœtus.

L'aura permet à la future mère d'influer sur les caractères physiques de son enfant. J'ai pu moi-même observer comment une mère mulâtre, habitant l'une des régions les plus pauvres du Brésil, après avoir eu quatre enfants disgracieux, tomba enceinte peu de temps après que sa sœur ait donné naissance à un enfant d'un étranger, ce qui lui donna énormément envie de voir doté le sien d'attributs physiques exceptionnels pour le milieu dans lequel elle vivait. En conséquence, elle donna naissance à un enfant, qui, bien que possédant d'incontestables traits hérités d'elle-même et de son mari, présentait une beauté inaccoutumée et une clarté de peau incompréhensible pour ceux qui méconnaissent les pouvoirs combinés de l'esprit et de l'aura. Bien sûr, seule la sœur cadette put se douter que ce prodige résultait de la jalousie, ce qui se vérifia ultérieurement lorsqu'elle sut que sa sœur rendait visite à un sorcier qui réalisait habituellement ses miracles à l'aide de l'hypnose.

Renforcement de la suggestion d'une femme enceinte

Comme nous l'avons déjà dit, un hypnotiseur expérimenté peut renforcer cette faculté car il faut éviter, étant donné la situation spéciale de la mère, que ne se produise la transe hypnotique profonde. Il suffit qu'il effectue avec elle des séances d'identification intense avec l'image désirée ; c'est pourquoi il aidera la femme à intérioriser les traits préférés et à les réaffirmer par l'agitation magnétique de la région abdominale, afin que l'aura de l'être en formation capte le contenu magnifié de celle de sa mère et influe plus vigoureusement sur sa formation.

Autosuggestion plastique

De nos jours, on pourrait utiliser les propriétés de l'aura humaine de façon inhabituelle – et même vulgaire, comme certains pourraient ajouter – contre le vieillissement. Traitée en toute connaissance, cette émanation d'énergie peut être renouvelée et manipulée pour se traduire en revitalisation de l'organisme.

Jusqu'à présent, des essais ont été effectués – souvent avec une naïveté touchante – pour exploiter chimiquement les propriétés de divers tissus, comme le placenta. Il faut admettre d'ailleurs que les chimistes en cosmétologie se sont trouvés très près de la vérité, sans avoir la chance de la rencontrer. Ils ont dû observer que ce n'est pas exactement l'âge, l'eau, ni aucune substance qui déterminent la fraîcheur des tissus des animaux nouveau-nés ou du placenta humain, mais l'aura qu'ils émettent et qui disparaît peu de temps après que la vie s'éteigne en eux ; c'est pourquoi, il est nécessaire de soumettre les patients à de longs traitements.

Derrière l'hypnose se trouve la source de l'éternelle jeunesse

En revanche, si l'on applique les procédés de nettoyage et de *tonification* de l'aura pratiqués par les sorciers de différentes parties du monde, en même temps que se développent les procédés simples consistant à « transplanter » une partie plus ou moins grande de l'aura ou de l'aura de personnes jeunes vers des personnes vieillissantes, l'effet obtenu pendant l'Antiquité par la pratique du transfert d'énergie déjà mentionné sera démultiplié.

Évidemment, ce procédé est loin d'être simple, étant donné que le mélange de halos ne peut s'effectuer qu'entre des personnes présentant un niveau de compatibilité élevé ; de plus, seul l'hypnotisme permet d'éviter que la transplantation soit nocive ou éphémère. Pour donner un exemple de la difficulté soulevée par le mélange d'auras incompatibles, observez ce qu'il arrive lorsque la maîtresse de maison bat des œufs (qui supportent parfaitement le mélange de leurs halos avec celui d'une seule personne), qu'elle interrompt sa tâche à mi-chemin et qu'une autre personne prend sa relève. Peu importe que celle-ci soit la fille ou la sœur jumelle de la première, la préparation sera toujours inutilisable.

Nous pourrions produire une multitude d'autres exemples, mais comme cet ouvrage doit se maintenir dans les limites de l'hypnotisme, nous nous bornerons à indiquer qu'il est possible de manipuler l'aura de façon adéquate à l'aide des techniques hypnotiques, pour rechercher la source de l'éternelle jeunesse si mondialement désirée, et nous en resterons là.

Correction ou formation des traits par suggestion

Pour continuer avec les énormes possibilités encore ignorées de la suggestion, il est relativement fréquent qu'une personne détermine la formation de certains traits de physionomie personnels. Il s'agit de la capacité inconnue *d'autoremodelage*, qui permet non seulement de nous voir et d'agir selon la personnalité que nous choisissons, mais également de donner parfois au physique certaines caractéristiques que nous désirons le plus ou de les apporter à ceux qui possèdent déjà tout le charme possible.

Lorsqu'un attribut physique a été ardemment souhaité,

entraînant la conviction qu'il est indispensable pour le bonheur de l'individu, il finit par se manifester, même très légèrement. Bien sûr, certaines conditions doivent exister, comme le fait que le désir naisse et persiste dans toute sa vigueur dès le plus jeune âge et que ces personnes possèdent une vigueur spirituelle particulièrement remarquable.

La réalité inconnue du cerveau

En partant de l'idée, inexacte, selon laquelle le cerveau est l'organe de la pensée, et en s'appuyant sur une théorie mécaniste, la croyance selon laquelle il existe un lien de cause à effet entre la structure du cerveau et les aptitudes intellectuelles s'est généralisée. Il est sûrement possible de situer plus ou moins précisément telle fonction dans telle région du cortex. « À cet endroit se trouve la région de l'odorat, à cet autre endroit celle du goût. Si nous touchons le sujet à cet endroit, il aura l'impression de sentir un parfum exquis ou un plat délicieux. Si nous touchons cette autre zone, qui représente la région auditive, il croira avoir entendu quelque chose... ». Ces jeux peuvent se pratiquer, car l'on pense en effet être devant « le mécanisme central » de l'être humain et que l'on peut démontrer que les phénomènes spirituels ne constituent qu'une fantaisie produite par l'appareil merveilleux qui lui a permis de se transformer en roi du cosmos.

Quels sont les éléments de l'intelligence ?

Il existe même une théorie qui relie les différences visibles entre les cerveaux aux différences de niveau intellectuel, à l'exception naturellement de certains cas pathologiques comme celui de la microcéphalie.

Interrogé sur la nature essentielle de l'intelligence, un chercheur américain, le professeur White, a répondu : « Je ne sais pas. L'intelligence peut être mesurée et définie d'après des analogies, mais on ne peut dire de quoi elle se compose. Nous ne pouvons l'expliquer chimiquement, nous ne pouvons l'expliquer électriquement : si nous étudions le cerveau d'un génie, il présente un aspect identique à celui d'un idiot. Leur matière est identique. Personne ne peut dire ce qui fait d'un homme un brillant mathématicien, d'un autre un merveilleux musicien et d'un troisième un horrible assassin. »

Le cerveau capte les idées, il ne les produit pas

La dernière énigme de l'humanité sera bientôt déchiffrée lorsque l'on établira que le cerveau n'est pas l'organe de la pensée ou, du moins, de la pensée élevée, créatrice, de ce qui n'est pas produit exclusivement par associations d'autres idées pour obtenir un résultat. Il s'agit, au contraire, d'un instrument fragile pour capter les éclats de l'intellect qui, telles les étoiles du ciel, peuplent l'ensemble de l'univers et sont destinés à un nombre indéfini d'instruments de même type, répartis dans un nombre indéfini de mondes.

La faculté d'association, qui constitue certainement l'un des grands pouvoirs de l'intelligence, appartient aux fonctions matérielles du cerveau. Cependant, il en est autrement de la puissance créatrice appelée génie, inspiration, talent et autres synonymes se rapportant à sa nature supérieure et provenant d'une dimension spirituelle avec laquelle le cerveau est en relation.

De nombreuses civilisations, surtout orientales, conçoivent le cerveau comme un instrument qui, bien orienté, doit capter la volonté de son Créateur et lui communiquer également la sienne. Certains le décrivent même comme une surface, un bijou resplendissant situé sur le front ou au sommet du crâne. D'autres pensent que la faculté de vision spirituelle se trouverait sur le front.

Les premiers messages humains furent télépathiques et non oraux

C'est à partir de la télépathie et, plus directement, de l'étude de l'aura et de ses rapports avec l'univers que l'on démontrera que le cerveau est seulement une grande antenne et non l'organe d'où émanent la pensée et la personnalité.

On vérifiera également que le cerveau ne produit pas les idées, comme on l'a toujours cru, mais qu'il les capte, les traite ou les adapte afin de les ajuster à des conditions de temps et d'espace. On finira par comprendre que la télépathie constitue seulement l'un des nombreux phénomènes que la véritable nature du cerveau peut présenter... et non l'un des plus utiles actuellement, bien qu'il fut extrêmement important dans un passé lointain. Il ne fait aucun doute que la télépathie a permis la survie de l'homme, lorsqu'un moyen de communication étendu devint indispensable à l'exploitation de la chasse.

Enfin, nous devons remarquer que la différence essentielle entre l'homme et les autres êtres vivants réside complètement dans le don de captation – et non de simple association – du cerveau, qui lui permet de tirer directement son savoir de la mer de connaissance où se trouve immergé tout l'univers et où Dieu lui-même se recrée. Cet océan – également appelé *âme universelle* par les initiés de tous les temps – est considéré comme n'étant pas séparé de la divinité, mais comme une expression supplémentaire de sa nature qui nous englobe.

Le cerveau constitue le plus grand facteur d'égalité entre les hommes

Il sera toutefois nécessaire de comprendre en profondeur ce don de captation de la connaissance – l'étincelle authentique ou le souffle du Créateur –, sur lequel il reste encore beaucoup à apprendre ; il va également susciter de nombreuses déclarations, comme nous le verrons tout au long de cet ouvrage.

La fonction du cerveau

Pour revenir au thème de la véritable fonction du cerveau, il faut remarquer que pendant des millénaires, depuis qu'Hippocrate a conclu que le talent pour les arts et toute forme de création provenait de la qualité de cet organe complexe situé dans le crâne et pesant un peu plus d'un kilo, le monde a vécu dans l'erreur. La réalité est qu'il s'agit uniquement d'une antenne créée pour capter et traiter l'information. Cette antenne est fondamentalement identique pour tous les êtres humains, comme cela est reconnu dans les cercles scientifiques et résumé dans l'idée formulée/concrétisée par Chauchard dans son ouvrage *Le Cerveau humain :* « Nous examinons en vain le cerveau des grands hommes et celui des criminels, car tous les cerveaux se ressemblent et les recherches individuelles ne démontrent aucun parallélisme avec l'intelligence.

Au niveau anatomopathologique, il n'existe aucune relation valable entre les lésions cérébrales et le niveau intellectuel, dans le sens où si les lésions cérébrales graves et étendues du système nerveux central peuvent déterminer le retard mental (nous ne pourrions penser sans cerveau), tout retard n'est pas forcément accompagné de telles lésions.

D'ailleurs, les expériences d'hémisphérectomie, de lobectomie et de lobotomie démontrent que les relations entre l'intelligence et le système nerveux central restent à préciser. D'un autre côté, les travaux de J. de Ajuriaguerra et H. Hecaen sur le cortex démontrent suffisamment la difficulté de localiser l'intelligence et la différence entre le déficit fonctionnel (du type syndrome de Gertsman, par exemple) et le déficit intellectuel. On peut être intelligent et souffrir d'agnosie ou d'apraxie. La ventriculographie (P. Berenstein et M. Dabbah) et l'électroencéphalographie (M. Fischgold, C. Dreyfus-Brisach, C. Blanc, D. Hill, G. C. Lairy) confirment l'absence de désordres "neuroanatomiques" et "neurophysiologiques" spécifiques à l'"attardement mental".

Les modifications du tracé de l'électroencéphalogramme qui apparaissent chez l'attardé, relèvent en effet de l'ordre fonctionnel du manque de maturité et non de l'ordre anatomique de la lésion. Cela dit, ces modifications disparaissent spontanément vers douze ans, indépendamment de tout changement du niveau intellectuel de l'attardé. »

Les cerveaux sont identiques ; seule leur syntonie les différencie

En d'autres termes, le cerveau continue d'être identique pour tous.

Il est impossible d'affirmer que la radio fonctionne mal ; par contre, on peut très bien dire que l'antenne ne peut s'accorder correctement. Nous nous excusons de la comparaison, mais elle est indispensable sous de nombreux rapports ; en effet, le but de cet ouvrage consiste à expliquer la nature de l'aura, renforcée par divers moyens – dont l'hypnotisme – qui permettent de révéler la nature d'antenne du cerveau.

Neurones en attente de fonctions

Si l'on considère le cerveau comme une antenne reliant la totalité de l'être humain (corps, énergie *périspirituelle* et esprit) à l'ensemble de l'univers, il faut souligner ses formidables réflexes de survie qui l'amènent à pallier admirablement ses propres carences.

Lucien Sève l'a déjà exposé de façon catégorique : « Le cerveau humain possède une marge biologique de sécurité extraordinairement élevée, constituée par des masses de neurones inactifs qui peuvent se mettre à remplir un rôle déterminant si on les sollicite. » Cependant, même en sachant cela, nous ne percevons pas l'essence de la fonction cérébrale ; nous continuerons donc à la comparer à une antenne, bien que sa complexité mérite une admiration inconditionnelle... On a compris qu'il ne s'agit pas de la source des idées.

Les véritables fonctions du cerveau

La fonction principale du cerveau consiste à accéder à la connaissance, à l'ordonner et à l'associer. Cependant, il faut tout d'abord obtenir la syntonie, c'est-à-dire orienter correctement l'antenne. Or, cette condition n'est pas toujours remplie, en raison de phénomènes qui relèvent encore de l'occultisme car la science considère qu'elle ne les connaît pas. Les cas de métamorphose intellectuelle sont très courants chez des enfants qui, un jour, pour des raisons qui paraissent mystérieuses, « commencent à comprendre », exactement comme l'on s'attend à un résultat lorsqu'on règle le bouton d'accord d'une radio ou que l'on oriente son antenne.

Le cerveau a été considéré comme un organe producteur de ce qu'il capte, alors qu'au niveau universel, il ne s'agit que d'un formidable récepteur sélectif et un émetteur discret, ce qui entraîne que tous les canaux ne sont pas disponibles, ni qu'ils le sont avec la même fidélité pour toutes les natures, caractères ou personnalités. Encouragés par l'erreur consistant à considérer que « tout est contenu dans le kilo en trop représenté par cette masse », de nombreux chercheurs ont essayé de localiser directement les fonctions psychiques complexes dans le cortex et ont émis des hypothèses telles que les centres de la parole, de l'écriture, de la lecture et des mathématiques (la fameuse bosse des mathématiques !).

On est même arrivé à la tendance extrême de rechercher le centre physiologique de l'élan religieux. Le psychiatre Kleist a essayé d'indiquer la circonvolution du cerveau liée à ce phénomène sociopsychologique complexe du « moi religieux » de l'homme, ce que la science, étant donné les nombreuses limitations qu'elle s'est imposées, est incapable d'envisager. En fait, il s'agit de l'une des idées les plus saugrenues découlant de l'erreur consistant à considérer le cerveau comme source des idées.

La machine à capter et à tisser les idées

La tendance à comparer le cerveau aux progrès scientifiques les plus représentatifs de l'époque a toujours existé. Ainsi, au XIXe siècle, siècle de l'avènement de l'électricité, il était représenté comme un central téléphonique : l'idée de l'arc réflexe apparut. Actuellement, on recourt à un schéma de cybernétique pour expliquer le fonctionnement du cerveau.

Selon Vygotski, le cerveau est « un système hautement complexe de parties séparées ou blocs, chacune réalisant une fonction spéciale. Leur travail conjoint permet à l'homme de recevoir l'information provenant du monde extérieur (bien que lui-même ne soupçonne pas l'immensité de cette extériorité), de créer une image subjective du monde objectif, de prévoir le futur, d'évaluer les résultats de ses actes et de régler son comportement. »

L'admirable docteur Vygotski ne put imaginer la portée prodigieuse de ses déclarations lorsqu'elles passèrent de son cerveau sur le papier. Il se contentait sûrement de signaler l'importance du fait qu'il n'existe aucune preuve appuyant l'hypothèse selon laquelle les réalisations intellectuelles du cerveau humain dépendent directement de ses particularités anatomiques et physiologiques.

Le cerveau du savant et celui du troglodyte sont égaux

Tout démontre au contraire que le cerveau est un ensemble de possibilités qui se révèlent à partir du moment où elles sont activées. Cette activation est déterminée par l'ensemble des relations dynamiques qui unissent l'individu à l'univers qui l'entoure.

Cette réserve de possibilités que possède le cerveau, cet « organe impuissant », est immense. Le docteur Sève précise, pour établir définitivement la nature de cette masse qui contient encore tant d'importants secrets pour la science, que le cerveau de l'homme, extrêmement riche en neurones, fournit le système « biomécanique permettant tout progrès culturel ; en d'autres termes, il capte les éléments nécessaires à l'obtention de ce progrès culturel ». Enfin, il affirme catégoriquement que le plus grand savant et l'homme des cavernes le plus primitif possèdent exactement le même cerveau.

L. Sève déclare encore : « Cette phrase clé, de nombreuses personnes la comprennent mal », et il ajoute : « Cela ne signifie pas qu'il ne puisse exister aucune différence entre ces deux cerveaux. Ce qui se passe, c'est que, en l'état actuel de nos connaissances, la différence – réelle – d'intelligence entre ces deux individus doit être attribuée à la différence de conditions qui ont activé une partie des possibilités immenses du cerveau ». C'est-à-dire que quelque chose, que nous désignerons seulement actuellement sous le terme de « destin », constitue la force qui active plus ou moins l'une ou l'autre partie du cerveau de chaque individu, lui imprimant une clé qui le différenciera du reste des individus.

L'une des grandes vérités énoncées par Karl Marx, sans que lui-même comprenne l'importance de ses implications, consista à signaler qu'« aucun philosophe ne présente, par rapport à un portefaix et en ce qui concerne les dons naturels et l'esprit, la moitié de la différence qui existe entre un bâtard et un lévrier ».

Seule une étincelle distingua l'homme des bêtes

Ainsi, l'obstacle fondamental à une interprétation correcte de la nature du psychisme humain provient de la confusion produite par l'évolutionnisme biologique et le matérialisme ordinaire qui comparent l'évolution du genre humain à l'évolution du genre animal. Cependant, bien qu'à son origine l'homme se soit trouvé dans cette catégorie, il dépassa ce stade lorsque l'étincelle qui enflamma son aura lui fut transmise, ce qui lui permit d'accéder au savoir, d'où naissent toute pensée pure et toute inspiration créatrice.

L'aura et la santé

L'homme n'irradie pas seulement la force, il l'absorbe

Ce phénomène était déjà connu en Égypte trois mille ans av. J.-C. et, dans le milieu sacerdotal, on enseignait le maniement des forces magnétiques, appelées *ka* ou *sa*.

Dès lors, il fut établi que l'homme absorbe les forces avant de les irradier, et non seulement d'un point de vue physiologique, mais également psychique ; c'est de cette façon qu'ont pu naître les facultés que l'on regroupe actuellement dans le domaine de la parapsychologie.

De la même manière qu'un paysage impressionne différemment un esprit selon la façon dont on le contemple, de même l'irradiation des forces psychiques est différente selon l'état psychique de l'opérateur ; cet état peut être identifié dans toute la personne, mais surtout dans ses mains au travers desquelles cette énergie lui permet de réaliser des prodiges que l'histoire a enregistrés comme des miracles.

Aura, santé, charisme, chance et nature spirituelle

Selon le testament de la magie antique, la puissance de l'aura équivaut à la qualité de la vie et à la noblesse de l'esprit.

En effet, toute maladie est le résultat d'une altération de l'aura (fluide électromagnétique) ou du terme utilisé pour la désigner. Il est important de souligner qu'en la rendant visible par les moyens dont nous disposons – comme la photographie Kirlian dans sa phase actuelle de développement –, sa couleur indique le mal qui attaque le corps ou l'esprit et qui empêche le fluide de s'exprimer par l'énergie blanche et dorée de la perfection totale.

Conception orientale de l'aura, du corps et de la médecine

Les peuples orientaux possèdent une conscience millénaire du caractère électrique des êtres vivants. Ils savent que cette électricité se répartit dans le corps avec des polarités très précises ; ils savent également que leur corps émet – le recouvrant en permanence comme la lumière recouvre le Soleil – une énergie très particulière. Les Chinois la surnomment *chi* et les Japonais *ki*, les deux cultures l'utilisant pour dépasser les limites matérielles de nombreuses entreprises qui, autrement, seraient impossibles à réaliser avec succès ; en outre, cette substance, comme nous l'avons dit tout au long de l'ouvrage, unit la réalité individuelle de chaque être humain à l'univers. Elle est également connue sous le terme de *rayonnement métapsychique*, outre ceux déjà mentionnés de *aura, périsprit, ka* ou *sa*, comme la surnommaient les initiés de l'ancienne Égypte.

Ce courant de fluide électrique est précisément ce qui détermine que les divers organes et même les cellules réalisent de façon satisfaisante leur fonction.

Les Chinois découvrirent que cette mystérieuse énergie électromagnétique était contrôlée exclusivement par la polarité qui l'engendrait : le *yin* et le *yang*, qui signifient obscurité et lumière et dont la connaissance est enregistrée en Chine un demi-siècle avant la naissance du Christ, dans *Le Livre des changements*, ou *I Ching*.

Le désir de manipuler l'énergie vitale au profit de la santé provient de cette connaissance. Les sages s'appliquèrent à l'étude minutieuse de ses différentes correspondances dans le corps, le considérant précisément comme ce qu'ils avaient constaté : un microcosme aux éléments totalement liés et non une machine composée de différents mécanismes pouvant être considérés indépendamment du reste du système.

Le résultat fut un concept médical très éloigné du concept occidental, qui comprend seulement la visite chez le médecin lorsque l'on est malade, alors qu'en Chine, il s'effectue constamment, afin que l'acupuncteur maintienne l'équilibre des « circuits » par des procédés de stimulation.

Cela équivaut à une assurance maladie qui, au cas où le patient tombe malade, lui sert de garantie pour que le professionnel s'en occupe gratuitement jusqu'à la guérison ; en effet, on considère par principe que cette perte de santé obéit à un manque de prévoyance ou à une erreur du praticien, car il n'a pas observé correctement la façon dont le corps était préparé à recevoir la maladie.

L'AURA COMMUNIQUE ÉGALEMENT AVEC LE MONDE DES MORTS

Il existe ensuite l'aura que l'on qualifie de « pure », considérée à partir de substances protectrices de la pureté de l'aura ou du périsprit ; il s'agit de l'essence qui fait communiquer l'être humain avec la totalité de l'univers, y compris le monde des morts, comme l'ont amplement démontré les spirites d'aujourd'hui et ceux de l'Antiquité.

La vie de l'homme est une horloge de soleil et de lune

Il reste encore beaucoup à dire sur le rapport entre le corps, le reste de l'univers et tous ses phénomènes ; c'est comme si chaque homme n'était qu'un élément de la machine cosmique, capable d'accuser chaque changement qui se produit à des millions de kilomètres et même d'années-lumière.

La nouvelle science, appelée *chronobiologie*, se consacre à l'étude de l'influence du temps sur les facultés de l'homme ; elle a établi qu'en raison de sa périodicité, notre corps est soumis à trois rythmes circadiens (du latin *circa diem*, équivalent à un jour).

Le premier groupe inclut les battements cardiaques, la respiration, les ondes électriques du cerveau (souvenez-vous que les grandes idées ou, du moins, celles capables d'entraîner de grandes transformations dépendent de ses étincelles), les pulsations artérielles et les sécrétions d'enzymes et d'hormones.

Le second groupe comprend les rythmes circadiens reliés plus particulièrement à la journée et que nous traiterons plus en détail en raison de leur lien très net avec l'énergie de l'aura.

Enfin, il existe les rythmes qui recouvrent plusieurs jours ou plusieurs mois, l'un des plus évidents étant celui de la menstruation qui montre un lien évident avec le cycle lunaire. Par conséquent, parmi les rythmes du second groupe qui présentent une plus grande importance dans notre mode de vie actuel, il faut souligner ceux qui peuvent entraîner un danger à leurs points les plus bas, comme celui qui produit un état d'étourdissement insurmontable après un vol « transméridien », surtout d'est en ouest, c'est-à-dire dans un sens opposé au Soleil. Il faut remarquer également ceux qui déterminent un état de somnolence invincible pendant la journée, pouvant entraîner un de ces « stupides » accidents qui se produisent souvent pendant le système de travail par équipe qui troublent tant les rythmes circadiens.

La chronobiologie part de l'acceptation de faits que les scientifiques considérèrent en d'autres temps comme des aberrations, tel celui selon lequel ces rythmes sont déterminés par une force ancestrale qui fait office de mémoire de l'espèce, connue également sous le terme de *mémoire archaïque*. Cette mémoire se compose de toutes les lois de la vie que nos ancêtres, chasseurs et agriculteurs débutants, gravèrent dans leur esprit avec une telle conviction qu'elles passèrent dans leur aura et dans celle de leurs descendants en tant que renforcement et ressource de l'instinct consistant à survivre dans les meilleures conditions possibles.

Ces rythmes d'origine archaïque se mélangent, en raison d'une utilisation inconsciente, aux habitudes acquises au cours de la vie de chaque individu ; ils s'organisent et fonctionnent comme une horloge interne dont les aiguilles indiquent les moments culminants et les processus de déclin.

La personnalité horaire

Nous commençons donc à observer un détail de l'influence que le jour exerce sur nous ; par ailleurs, il subit lui-même divers changements et produit des effets très différents sur chaque individu au cours des vingt-quatre heures.

On sait que les écrivains, poètes, musiciens, les artistes en général, ainsi que les hauts responsables et tous ceux qui exercent une activité intellectuelle quelconque, présentent un meilleur rendement aux heures pendant lesquelles leur cerveau, qui agit comme une antenne perceptrice d'idées, rencontre une plus grande facilité pour s'accorder au courant intellectuel qui correspond à la nature de leur esprit.

On parle ainsi d'individus du matin, ou du soir, ou se rapportant au moment de la journée où leur niveau de lucidité est maximal.

Bien sûr, ces crêtes d'efficacité, ou pointes, sont observées dans tout type d'activité et elles existent également chez les personnes qui, ayant toujours été soumises à un horaire spécifique ou à un travail peu créatif, ignorent le moment de la journée qui leur sera le plus favorable par rapport à leur horloge interne. Actuellement, des enquêtes sont justement effectuées dans des entreprises américaines sur la portée de l'horloge circadienne, afin d'obtenir la meilleure rentabilité de chaque employé au moment où celui-ci peut la produire, c'est-à-dire lorsque son activité magnétique est la plus intense et l'enregistrement de son aura le plus brillant. Il est d'ailleurs intéressant de savoir que lorsque l'aura se manifeste à peine et présente une couleur blafarde, l'homme agit surtout mécaniquement ; étranger à tout éclat spirituel, il s'expose à tous les risques que ses capacités mentales devraient résoudre, mais que cet état empêche d'aborder avec la rapidité et la précision voulues. Il a été établi que cet état caractérisait le personnel des centrales nucléaires de Three Miles Island (États-Unis) et Tchernobyl (Union soviétique) au moment des célèbres accidents. Dans les deux cas, il a été démontré que la catastrophe était due à des erreurs humaines pendant la matinée, alors que l'horloge biologique (dorée) de la plupart des individus affichait une baisse notable de l'attention et des réflexes.

Marionnettes astrales

Cependant, ce thème est encore plus complexe. Nous dépendons non seulement de la condition temporelle de notre aura, mais également de sa liaison avec l'aura directe ou entremêlée des divers corps célestes, ce qui détermine (à la naissance) la formation de notre personnalité et de notre caractère. Nous recevons principalement l'influence du Soleil et de la Lune qui impriment leur sceau sur l'ensemble de nos cellules, activant ou engourdissant notre esprit et notre organisme, comme si nous leur étions rattachés par des ficelles de marionnettes.

Un exemple est fourni par les récentes expériences menées par une équipe de chercheurs de la faculté de médecine d'Harvard ; elles démontrent que la mise en marche de l'organisme le matin implique un processus qui favorise et peut même entraîner une attaque cardiaque.

Les aiguilles de notre horloge peuvent indiquer la mort

Des examens sanguins effectués toutes les trois heures sur cent cinquante volontaires ont révélé que le matin, surtout entre six heures et neuf heures du matin, les plaquettes ont une plus grande tendance à s'agglutiner, ce qui favorise les arrêts ou les attaques cardiaques brusques, surtout chez les individus appartenant aux groupes à haut risque comme les fumeurs. Par contre, en examinant un second groupe de volontaires à qui l'on permit de rester au lit, aucune modification du comportement des plaquettes ne fut observé.

Enfin, il fut établi que la tendance à l'agglomération de ces éléments cellulaires sanguins le matin était une réaction parallèle au processus qu'implique le lever et la mise en activité. Cette réaction est déclenchée par un flux d'adrénaline et de noradrénaline qui, avec l'augmentation de la pression sanguine, caractérise l'effort pour sortir du lit. Il existe plusieurs conclusions, l'une étant que les médecins devraient reconsidérer, dans de nombreux cas, l'horaire de la prise de médicament prescrit à leur patient. La principale conclusion réside cependant dans le fait que nous ne sommes pas autant « nous » que nous le pensons ou souhaitons le penser. Une autre, encore, serait que la science se rapproche progressivement du contrôle qu'exerçait les sages de l'Antiquité, appelés également « initiés », sur l'être humain ; en effet, pour les réalisations les plus importantes de l'esprit, ils conseillaient l'heure la plus opposée à celle du réveil habituel, c'est-à-dire minuit, surtout si la Lune venait renforcer la puissance de cette heure.

Influence de l'aura lunaire sur la criminalité

Il a été prouvé que la Lune – dont on sait depuis plus d'un million d'années que son influence amplifie tout ce qui est lié aux instincts cachés ou réprimés de l'homme, ainsi qu'à certaines de ses facultés parapsychologiques – possède un niveau d'influence très élevé sur l'humanité. Cette influence se fonde sur la puissance de son aura, combinée aux facteurs physiques et aux échanges d'attractions effectués avec la Terre. Ainsi, à l'inverse de ce que le monde entier aurait pensé, ce ne sont justement pas les nuits sans lune qui libèrent les instincts criminels et poussent hommes et femmes à faire montre du côté le plus sombre et le plus violent de leur personnalité. De façon surprenante, les faits semblent indiquer le contraire, car c'est justement pendant la pleine lune que les hommes ont tendance à exprimer des comportements agressifs ou négatifs. H.P. Lovecraflt l'exprime ainsi : « Le plaisir de tuer se manifeste lorsque l'éclat de la pleine lune atteint son intensité maximale ».

Cela fait deux ans que la presse internationale a rendu compte des travaux surprenants de deux médecins indiens, C.P. Thakur, professeur de la faculté de médecine de Patna, et son disciple Dilip Sharma ; les résultats de ces travaux, consacrés à l'étude scientifique de l'apparition et de toutes les caractéristiques du phénomène de criminalité nocturne, ont été publiés dans un numéro récent du *British Medical Journal.*

Ces chercheurs avaient déjà observé que les cas d'empoisonnement soignés en hôpital étaient plus fréquents les jours de pleine lune. Cette constatation les incita à relever dans les archives de la police les crimes et délits de toute sorte survenus pendant une certaine période.

Ils sollicitèrent la collaboration de trois commissariats de police correspondant à trois types de population – urbaine, rurale et industrielle – et obtinrent des archives la relation quotidienne des délits dénoncés pendant cinq ans, de janvier 1978 à décembre 1982. Cette période comprenait mille huit cent vingt-six nuits parmi lesquelles soixante et une étaient des nuits de pleine lune et soixante-deux des nuits de nouvelle lune. Pendant les soixante et une nuits de pleine lune, ils observèrent que, dans les trois commissariats, deux cent cinquante-six délits furent dénoncés, alors que pendant les soixante-deux nuits de nouvelle lune, quatre-vingt-quatorze seulement furent enregistrés.

LA LUNE ÉCHAUFFE LE SANG

À la suite d'une analyse statistique méticuleuse de l'apparition des actes criminels pendant les différents jours du cycle lunaire, une courbe fut établie. Les observations indiquèrent clairement comment la criminalité, qui se maintenait à environ 0,5 % en moyenne pendant le cycle lunaire – taux assez faible – augmentait brusquement trois jours avant la pleine lune, atteignant son maximum (presque le triple des autres jours) le jour où la Lune parvenait à son éclat maximal, pour diminuer rapidement les trois jours suivants.

La marée humaine

Pourquoi les hommes et les femmes se comportent-ils de façon plus désordonnée pendant les jours et les nuits de pleine lune ? Indépendamment des concepts purement astrologiques, suffisamment éloquents pour annoncer de quelle façon le phénomène influera sur le caractère de chacun, les auteurs de ces travaux proposent une hypothèse qu'ils appellent *human tidal wave* (raz-de-marée humain).

À la pleine lune, le Soleil, la Terre et la Lune se trouvent presque en ligne droite et l'attraction gravitationnelle de la Lune par rapport à la Terre présente une intensité maximale résultant de la somme des auras.

Cette attraction, comme chacun sait, provoque le phénomène puissant des marées et entraîne également un processus similaire avec l'eau de l'organisme humain ; le corps entier accuserait cette attraction et subirait un subtil déplacement de ses nombreux dépôts de liquide – la marée humaine – capable de modifier le fonctionnement des cellules, organes, appareils ou systèmes économiques du corps. Ces modifications expliqueraient les changements d'humeur, les états émotionnels favorisant les conduites violentes et asociales.

Ces affirmations ont été vérifiées et nuancées par la sage et encore mal comprise astrologie. De fait, les phénomènes lunaires ne constituent qu'un détail à l'intérieur du cadre complexe de l'influence des astres sur la personnalité.

La planète Mars et son influence sur le comportement

Il est important d'effectuer des travaux sur l'influence de la planète Mars dont le sceau d'agressivité – positive et négative – n'est toujours pas admis par les médecins et les autorités, malgré les preuves indiscutables. Si l'on tenait compte du certificat de naissance des personnes arrêtées par la police ou hospitalisées à la suite de rixes, de vols à main armée et de vendettas, on trouverait sûrement dans la plupart des cas une influence puissante de cette planète qui émet une couleur rouge sur la traîne de l'aura universelle, les jours où les délits sont commis.

Le pourcentage de vendettas peut être particulièrement révélateur, car il fait ressortir le délai existant entre l'offense ou le dommage ayant causé le délit et la réponse agressive de la victime ; il indiquera certainement une préférence pour les jours où l'aura de la Lune ou de Mars est attirée vers les autres par l'aura universelle. De nombreux événements quotidiens permettent de vérifier cette influence, comme par exemple les coqs de combat qui ne peuvent réunir les qualités les plus intéressantes que s'ils naissent le mois où l'influence de Mars est la plus grande, c'est-à-dire en avril.

L'influence la plus facile à vérifier est celle de la Lune ; cependant, il est possible d'effectuer un enregistrement statistique identique pour l'influence de chaque planète, du moins pour Mercure, Vénus, Mars, Jupiter, Saturne et Uranus. Il serait peut-être moins aisé d'établir les statistiques sur les effets qu'exerce le passage de Neptune et de Pluton, mais un astrologue expert arriverait sûrement à les déterminer. Pour notre part, nous devons continuer à exposer uniquement les faits sans les approfondir, car cette proposition pourrait faire l'objet de nombreux ouvrages.

L'éclat de l'aura faiblit lorsque les rythmes vitaux s'effondrent

Certains jours tout paraît aller mal et l'on vient à penser qu'il aurait mieux valu rester au lit. Le sujet passe par un « jour critique ».

Les ondes correspondant à l'état physique, psychique et intellectuel passent par des moments de creux qui affaiblissent les réserves individuelles de puissance, de créativité et de sociabilité. Ils frappent également celles de la sensibilité médiumnique, de la puissance mentale nécessaire pour capter ou émettre des ondes télépathiques et, en général, utiliser toute qualité extra-sensorielle car la source des facultés paranormales est à demi éteinte.

Le moment précis pour jeter un sort

Il est notoire qu'un grand nombre de recettes de sorcellerie doivent être préparées justement pendant les nuits de pleine lune. Ceci est dû au fait que, devant le désarroi des sorcières et des magiciens, peu au fait des fluctuations périodiques de leur aura et de l'influence qu'elles exerçaient sur leur âme et leur esprit, il ne restait qu'à s'assurer d'un instant de plénitude, aussi bien pour ceux qui pratiquaient l'enchantement que pour les éléments biologiques devant intervenir. Or, cet instant, l'expérience l'avait enseigné depuis des siècles, se produisait uniquement pendant les nuits de pleine Lune.

Comme nous l'avons indiqué à plusieurs reprises, tous les êtres font partie de la dynamique de l'horloge universelle et, pour fonctionner avec précision, ils doivent compter à leur tour sur d'autres horloges internes dont les plus connues sont les horloges physique, émotionnelle et intellectuelle ; cependant, il en existe de nombreuses autres chez tous les êtres vivants.

Il s'agit d'ondes bien définies. Le cycle physique est une vague qui va et vient tous les vingt-huit jours, le cycle émotionnel est, lui aussi, de vingt-huit jours et le cycle intellectuel de trente-trois jours ; ces cycles ne sont pas déterminés par la chance, mais par la nature de cette règle vitale qui active le flux et le reflux, la systole et la diastole qui commencent dès la naissance et produisent la marée intime de l'individu pendant toute son existence.

Aussi, afin de mieux nous connaître et obtenir le meilleur de nous-même dans le cadre des réalisations à caractère extrasensoriel, il est idéal de savoir ce que nous pouvons attendre de notre corps, de notre âme et de notre esprit à une date donnée. On doit partir du principe selon lequel les points les plus élevés sont aussi défavorables que les plus bas, sauf en ce qui concerne les pratiques de magie noire ; pour ces dernières, l'exaltation convient et il faut chercher à ce qu'elles coïncident avec les points élevés du cycle intellectuel pour les invocations, ceux du cycle psychique pour les travaux particuliers et ceux du cycle physique pour la suggestion à distance qui est, en fait, une forme particulière de télépathie.

Ainsi, par rapport à l'énergie de l'aura qui définit « l'éclat » de l'esprit et de l'âme, nous pouvons admettre qu'il existe des jours lumineux et des jours sombres, des jours bons et mauvais, des jours propices et des jours néfastes ou stériles ; chacun possède les siens, car la luminosité de l'aura n'est jamais stable. C'est pourquoi, il est indispensable de savoir profiter des avantages qui existent actuellement pour les calculer avec précision afin de connaître le moment où il convient d'agir en fonction de son aura ou de celle des personnes qui nous intéressent et d'établir celui où nous devons nous abstenir.

Que signifie « être dans le creux ou au sommet d'un cycle » ?

Attention, un jour biorythmique n'est pas une sentence sans appel ! Le bien peut se transformer en mal et le mal devenir de la chance, selon le comportement suivi par rapport à la réalité de l'aura. Se trouver au sommet de la courbe de l'un des trois cycles indique que la charge d'énergie est saturée et que l'aura émet des radiations pleines ; il faudra également voir si cette énergie est gaspillée, si l'euphorie entraîne des problèmes, ou si elle doit être appliquée de façon rationnelle pour obtenir exactement les résultats désirés de l'état dans lequel on se trouve à un moment donné.

Par comparaison, « être dans le creux » signifie subir dans l'un des cycles physique, émotionnel ou intellectuel, la pauvreté absolue et le maximum de dettes, de façon que l'on restera dans la phase négative du cycle jusqu'à ce que les dettes soient remboursées. Ceci fait, nous nous trouverons au point zéro, prêts à refaire des bénéfices dans la phase positive du cycle, orientés de nouveau vers le haut, vers l'abondance d'énergie physique, émotionnelle ou intellectuelle.

Les sorcières, mages, voyants et parapsychologues connaissent en général ces hauts et ces bas. Quelques-uns pensent qu'à certaines occasions, les forces ou les entités de l'au-delà sont faibles ou mal positionnées, ou que des conditions externes sont défavorables, sans penser que la difficulté se trouve dans leur propre nature. C'est pourquoi, la plupart d'entre eux préfèrent les dates de pleine lune pour leurs pratiques, y compris certains parapsychologues qui estiment que leurs opérations télépathiques ou « métagnomiques » sont renforcées par le satellite naturel, car les pensées et les images du cerveau émetteur passent plus fidèlement et sur une plus grande distance dans le cerveau récepteur.

Les jours critiques

Lorsque la courbe de l'un des trois cycles atteint le point zéro, qui divise le positif et le négatif, nous nous trouvons dans un jour critique ; peu importe alors que nous allions vers le bas ou vers le haut, car il s'agit d'un point de collision devant lequel la nature de l'aura se rebelle, la faisant sortir de ce que l'on peut appeler son « cadre normal ».

Pour mieux comprendre ce phénomène, nous pourrions le comparer à la secousse brutale que quelqu'un subit lorsqu'il sait qu'il a tout perdu ou, au contraire, qu'il devient immensément riche. Dans les deux cas, la nouvelle provoque un déséquilibre. Un phénomène similaire se produit dans les cycles biorythmiques : le fait de passer de moins à plus, ou *vice versa* oblige à une adaptation, ce qui entraîne une crise qui, en perception extra-sensorielle, se traduit par des dérèglements et même des interférences de diverses sortes.

Importance logique et parapsychologique des jours critiques

Un vendeur qui étudierait les biorythmes de ses clients pourrait planifier avantageusement sa stratégie de vente et augmenterait l'utilité de son programme de visites en profitant de leurs jours critiques et des siens. De cette façon, il se présenterait lorsque le point physique de ses clients se trouverait au plus bas ou le point psychique au plus haut, selon qu'il lui conviendrait de voir une certaine personne lorsque son aura présente une intensité moindre, pour lui permettre de se défendre ou, au contraire, lorsque l'émission d'énergie de son aura la conduirait à acheter tout ce qu'on lui offrirait.

Mais attention, si le biorythme signale un jour critique dans le cycle physique, il conviendra d'éviter les activités exigeant de l'habileté, de l'agilité ou de la précision. Dans un domaine particulier, un sportif connaîtrait ses possibilités et saurait si ses rivaux se trouvent au meilleur ou au pire moment de leur cycle physique.

Cet espionnage innocent augmente les possibilités de l'individu indiscret, qu'il se trouve au bon ou au mauvais moment car il l'aide à adopter une stratégie adéquate. Sur le terrain parapsychologique, cela assurerait la qualité des transmissions télépathiques, conduisant, par exemple, à affiner la disposition de l'émetteur ou du récepteur (le cas échéant) afin de compenser un quelconque déséquilibre à caractère physico-chimique ; c'est pourquoi un examen complet est effectué dans ce sens dans les laboratoires d'expérimentation *psy*.

« Personne ne s'étonnerait si, avant de commencer une émission radio, on vérifiait le matériel électronique. Alors, pourquoi ne pas effectuer une vérification chaque fois que nous le souhaitons, de nos moyens, la différence étant que nous utilisons des personnes et non des appareils ». C'est ce qu'a déclaré un membre du personnel qui collabore au *Projet de Communication Psy*, à la faculté d'ingénierie de Newark (New Jersey, USA).

Face à un mauvais jour du cycle émotionnel, il est conseillé de ne pas prendre de décisions rapides, ni de discuter ou de donner son opinion sur des sujets épineux. Un politicien pourrait s'en servir pour mieux se réserver dans l'attente de « son heure » ; et sachant qu'un collègue de l'opposition se trouve à un jour critique de son cycle émotionnel, il pourrait en profiter pour lui tirer les vers du nez. Machiavel se serait bien amusé avec une calculatrice de biorythmes !

Si une personne ayant appris à utiliser ses capacités, et ainsi capter la pensée de l'autre, se révèle comme étant un excellent récepteur télépathique, elle comprendra l'utilité de savoir à quel point de l'onde cyclique émotionnelle se trouvent les personnes qu'elle désire capter.

De nombreuses personnes sont « lues » à chaque instant pendant ces jours désastreux pour les joueurs de poker, les politiciens et tous ceux qui doivent agir sur la base de connaissances secrètes ; en effet, elles émettent constamment et sans pouvoir l'éviter, ce qui fournit l'occasion à (presque) n'importe qui de « deviner » ce que personne ne devrait soupçonner. Il n'existe aucun politicien qui n'ait été témoin de « fuites » mystérieuses, provoquées en réalité par une émission involontaire et insoupçonnée de pensées pendant un jour creux du cycle psychique, un jour de pointe ou correspondant exactement au point médian.

Si le jour critique se produit pendant le cycle intellectuel, il est conseillé de se méfier de sa mémoire, de son inspiration, de sa capacité de jugement et de création. Attention aux distractions, aux oublis et au manque de vivacité intellectuelle. Pas de contrats ; les écrits et les discours pourraient engendrer des malentendus. En ce qui concerne les transmissions télépathiques, mieux vaut s'abstenir car tout message sera altéré ou ignoré.

De plus, si le politicien de l'exemple précédent savait que son rival se trouve dans un jour critique double, aussi bien sur le plan émotionnel qu'intellectuel (et qu'il se laisse emporter par ses impulsions), il pourrait non seulement le faire sortir de ses gonds, mais également lui faire signer une renonciation. Les jours critiques peuvent même être triples, c'est-à-dire que les courbes des trois cycles peuvent atteindre le point zéro en même temps, ce qui entraîne l'une de ces dates où il est conseillé de ne pas sortir de chez soi.

L'horloge interne qui détermine les biorythmes

Cependant, pour les cinquante millions de personnes qui étudient quotidiennement leurs cycles vitaux au Japon, aux États-Unis et en Grande-Bretagne, le biorythme est encore plus important que ces utilisations immédiates.

Selon les chercheurs, la glande pinéale serait l'horloge principale du corps et la mélanine serait l'hormone de son déclenchement et de sa persistance. C'est comme si nous synchronisions nos horloges physiologiques avec la Terre, dont l'aura – dont nous parlerons dans un autre chapitre – la fait également fonctionner sur la base de rythmes, comme le cycle de 12,4 heures entre la marée haute et la marée basse ou le cycle de 14,77 jours qui existe en moyenne entre les grandes et les petites marées, en relation avec les phases lunaires ; les biorythmes des animaux sont également liés aux phases de la Lune, comme le démontrent de façon indiscutable les mues de peau et de cornes, l'hibernation, etc.

POUR MINCIR

Le rythme physiologique influe de façon très puissante sur notre alimentation, ce qui fait que nous en tirons profit différemment selon le moment de la journée. Selon le docteur F. Halberg, qui fait autorité dans le domaine de la chronobiologie, une nourriture abondante le matin produit une moins grande augmentation de poids qu'une quantité identique absorbée le soir ou dans la nuit. Ainsi, les personnes qui souhaitent maigrir doivent accorder la plus grande importance au petit déjeuner.

LES ENFANTS

Il a été vérifié que les enfant sécrètent l'hormone de croissance, la GH, pendant la première phase du rêve. Cela signifie que le retard du coucher dû au fait de regarder la télévision ou de participer aux réunions des adultes entraîne des troubles (neuroendocriniens) du rythme de cette fonction, l'affaiblit et le rend irrégulier.

LE TRAVAIL

La sensation de bien-être et la productivité du corps dépendent de l'harmonie des rythmes biologiques. Bientôt, les plans de travail du monde entier seront contrôlés par la *chronoergonomie*, science qui étudie la rentabilité maximale du temps de travail et de repos ; cette discipline démontre, entre autres, qu'une rotation rapide des tâches avec un repos tous les deux ou trois jours est meilleure que la semaine de quarante heures.

L'AVENIR

Enfin, des montres-bracelets individualisées seront bientôt vendues dans le commerce ; en effet, jusqu'à présent, nous avons vécu en nous réglant sur l'horaire extérieur. Or, nos rythmes intérieurs démontrent maintenant leur énorme importance. Nous ne serons donc plus obligés de manger avec les autres à heure fixe, mais au moment et avec la quantité qui convient le mieux à notre nature ; il en sera de même pour le reste de nos besoins vitaux.

Comment calculer ses biorythmes ?

Le calcul des biorythmes ne demande qu'une petite méthode de calcul particulière que l'on trouve déjà à un prix modéré dans les établissements spécialisés dans la vente de calculatrices de poche.

On peut aussi les calculer en utilisant les sept étapes permettant d'établir en premier lieu le *point zéro* du jour de la naissance à partir duquel ont commencé les courbes sinusoïdales correspondant aux cycles de chaque individu.

Ce point de départ, identique pour les trois cycles, est défini seulement deux fois dans une vie car un grand cycle dure un peu plus de cinquante-huit ans.

Ainsi, calculez le nombre de jours que vous avez vécus jusqu'à aujourd'hui :

• Multipliez votre âge par 365,25.

• Ensuite, additionnez les jours écoulés depuis votre dernier anniversaire.

Si vous êtes né une année bissextile et avant le 1er mars :

• Ajoutez un jour au total précédent. Vous connaîtrez ainsi le nombre de jours vécus.

Années bissextiles : 1900, 1904, 1908, 1912, 1916, 1920, 1924, 1928, 1932, 1940, 1944, 1948, 1952, 1956, 1960, 1964, 1968, 1972, 1976, 1980, 1984, 1988.

• Définissez le nombre de jours de vos cycles pour ce mois-ci.

• Divisez le total de leurs jours par 23, 28 et 33 pour connaître respectivement le nombre de cycles physiques, émotionnels et intellectuels écoulés.

Les jours qui restent pour chaque division représentent la dernière progression du cycle par rapport à la date, ce qui indique les valeurs biorythmiques du moment.

CREUX ET POINTES

Pour définir le creux et la pointe de chaque cycle, il faut savoir qu'au cours des premières cent trente-huit heures de la vie (cinq jours et dix-huit heures), le cycle physique (dont le total est toujours de vingt-trois jours) est en progression. Il baisse ensuite pendant cinq autres jours et dix-huit heures, afin d'atteindre son point le plus bas, puis progresse à nouveau sur une durée identique pour atteindre le point médian. Vous pourrez constater que ces quatre durées totalisent vingt-trois jours. Le cycle émotionnel, qui dure vingt-huit jours, se divise également en quatre étapes (de sept jours), de même que le cycle intellectuel (huit jours et six heures) qui comporte trente-trois jours. En tenant compte de tout cela, il est possible de déterminer à quel niveau de progression chacun se trouve à l'intérieur de ses cycles.

TRACÉ DE LA COURBE

Pour tracer correctement les courbes, utilisez une feuille quadrillée en réservant la ligne médiane horizontale pour séparer le champ supérieur (positif) et inférieur (négatif) et numéroter horizontalement les jours du mois dans des cadres successifs.

DÉTERMINATION DE LA POSITION DU JOUR DANS LE DERNIER CYCLE

Notez le nombre correspondant à chaque valeur biorythmique du jour choisi (c'est-à-dire le nombre de jours de progression de chaque cycle) ; vous pourrez ainsi observer le point où se trouve chaque courbe en traçant celles-ci avec des couleurs distinctes : rouge pour le cycle physique, bleu pour le cycle émotionnel et vert pour le cycle intellectuel.

Photographie de l'instant de la création

L'âme universelle entretient l'union et l'animation de tout élément créé présent dans l'univers. Comme tout est lié, elle fait dépendre la condition d'un astre éloigné de l'état observé par une bactérie sur la Terre.

Ce tissu a été comparé à un océan d'énergie dans lequel flotte la totalité de la matière et du périsprit, car il représente le dernier fondement qui unit la dimension éternelle à la dimension mortelle.

Par rapport aux dimensions de ce qu'enveloppe cet océan de périspiritualité ou âme universelle, il suffit de dire que la lumière en provenance des galaxies qui, sur des photographies récentes très révélatrices, ont été captées avec l'éclat le plus faible, a dû voyager pendant dix billions d'années pour parvenir sur la Terre.

Cependant, au-delà de toutes ces galaxies, l'univers continue d'être aussi éloigné de ses limites que de la Terre elle-même.

On admet déjà que l'univers ne possède d'autres limites que celles équivalentes à celles de l'astronomie ; on peut donc dire qu'il augmente parallèlement à la puissance des télescopes. On commence déjà à photographier la lumière émise lorsque l'univers avait à peine la moitié de son âge actuel et que les galaxies n'avaient qu'un ou deux billions d'années. En regardant encore plus loin, on pourrait arriver à l'époque antérieure à sa naissance, lorsqu'il n'y avait encore rien à voir.

Est-ce un blasphème de rêver à l'instant où l'on verra une photographie du premier geste créateur de Dieu ? Cet instant sublime est appelé *Big Bang* par ceux qui espèrent arriver à distinguer son éclat. Nous préférerions l'identifier comme l'instant où la volonté de Dieu ordonna, selon les termes de la Bible, « Que la lumière soit » et pouvoir le photographier comme l'on photographie déjà l'existence de l'aura individuelle.

En effet, nous nous rapportons à tous les types de photographies qui ont actuellement, bien que n'ayant pas fait l'objet de diffusion commerciale ni publicitaire, surpassé ce que l'on a surnommé *l'effet Kirlian*. Ce procédé photographique n'emploie ni objectif ni caméra, mais permet d'observer les rayonnements émis par des êtres vivants ou des choses placées sur une plaque métallique revêtue d'un film extrêmement sensible à la lumière ; un courant électrique de tension et de fréquence élevées lui est envoyé, comme un courant vibratoire ; il traverse l'objet examiné et fait apparaître ses émissions d'énergie aurique.

Un caillou avec quelque chose d'invisible et de merveilleux

Comme l'écrivit Albert Einstein dans son ouvrage *L'Évolution de la physique*, la réalité constitue un « champ » qui imprègne la matière et l'Homme ; il prédit également que l'on finira par découvrir un lien entre le domaine des idées et celui des phénomènes.

Nous souhaiterions ajouter qu'un tel lien établirait la communication entre la dimension matérielle et spirituelle entraînant des phénomènes intermédiaires et permettant de considérer l'Homme comme un être de passage, temporaire, magique et immortel.

Cependant, ce savant s'intéressait essentiellement à l'univers. Il tenait véritablement à comprendre son mécanisme mais pour commencer, il dut tracer une liste des mystères sur lesquels il travaillerait.

Enfin, en 1905, il les ramena à cinq, parmi lesquels figurait le magnétisme de la planète Terre, avec toutes ses conséquences. Comment se produisait un tel champ de force ? Quelle utilité lui apportait l'ensemble de l'univers ? Était-il l'élément ou le produit d'une force encore plus grande, commune à tout le cosmos ?

Le nord a été le sud trois cents fois, et *vice versa*

Cependant, loin de trouver une réponse à ces questions, le mystère devint encore plus épais lorsque le physicien français Bernard Brunhes découvrit que la polarité magnétique de notre planète s'était inversée, d'après ses calculs, trois cents fois au cours de cent soixante-dix millions d'années ; le sud était devenu le nord après une période de dix mille ans dépourvue de champ magnétique.

C'était comme si la Terre était vivante et passait d'une vie à une autre ; comme si elle mourait et renaissait à l'envers chaque fois, selon le principe hermétique de *quod superius sicut inferius* (ce qui est en haut est en bas). Cela entraîna des changements qui effacèrent de la planète ce qui s'écartait du projet divin, comme ces animaux gigantesques qui furent d'un seul coup balayés de la surface de la Terre.

Les pierres guides

Ensuite, deux mille sept cents ans avant notre ère, les Chinois découvrirent que l'aura de la planète se dessinait sur chaque pierre de ses entrailles et deux cents ans avant Jésus-Christ, ils apprirent que la tendance de ce caillou à s'orienter toujours du nord au sud servait, uniquement à cause de cette propriété, à guider les navigateurs. Ces pierres, les Norvégiens les découvriraient à nouveau des siècles plus tard et ils les appelleraient *lodestone*, pierre qui guide.

Par ailleurs, les magiciens avaient toujours soutenu que la Terre était vivante et que cette vie ne se limitait pas aux aspects biologiques connus, mais comportait également une âme qui dépendait autant de l'âme universelle que de l'âme de l'Homme et des êtres qui la peuplent.

L'aura de l'homme s'éteint lorsque les feuilles tombent

Une telle croyance a évidemment donné naissance à une multitude de légendes qui relient l'homme aux arbres, aux plantes, aux montagnes et aux grottes, l'une des plus significatives étant celle qui indique que les auras de la végétation et des hommes s'interpénètrent, ce qui entraîne une communication assez remarquable entre les âmes.

L'antique croyance selon laquelle les personnes âgées et les malades chroniques abandonnent leur lutte pour la vie lorsque les feuilles d'arbres tombent est ainsi vérifiée.

Aura et maléfices

L'antenne cérébrale est le fondement de la malédiction

Il existe deux formes principales de sorcellerie : celle qui dépose sur l'aura universelle l'élément qui doit atteindre une certaine personne et celle qui utilise directement l'aura de la personne.

Dans la première forme, le principe fondamental de ce que l'on connaît actuellement comme faculté télépathique et « télékinétique » suffisait à engendrer ce qui, en des temps éloignés, était appelé « mauvais œil ».

Elles sont, en fait, la preuve de l'ensorcellement par la concentration de la pensée ; on croyait que ce sort était inoculé par le regard, mais on sait maintenant qu'il est capté par le cerveau dont les fonctions d'antenne l'orientent vers certaines sources de l'âme universelle ou vers l'aura de personnes vers un destinataire, certaines pouvant émettre une malédiction qui affecterait gravement la constitution de l'aura de ce dernier.

En d'autres termes, par la puissance de la malédiction – énergie pervertie par une surcharge de colère ou de haine dans l'aura de la personne médisante – l'organe de syntonie périspirituelle de la personne maudite est entaché d'une espèce d'interférence, qui due à la charge aurico-mentale adverse, se mélange à toutes les captations spécifiques de la personne maudite et dont dépendent sa profession, son mode de vie et ses relations avec les autres. Ainsi, en raison de cette interférence ou impureté déposée sur l'âme universelle et captée inévitablement par l'antenne (le cerveau) vers laquelle elle se dirige, la qualité de tout ce que la personne maudite obtient de l'âme universelle sera détériorée.

La malédiction condamne à une mauvaise syntonie

Pour mieux comprendre le phénomène de la syntonie entre le cerveau et l'aura universelle ou individuelle, disons qu'un architecte s'accordera habituellement sur toute source d'inspiration qui est, à l'intérieur de l'âme universelle – comme base d'idées – liée à l'esthétique et à l'utilité de la construction, tandis qu'un médecin s'orientera principalement vers toutes les lumières qui, gravitant autour de son aura, seront liées aux caractéristiques et au fonctionnement du corps humain ; la majeure partie de leurs relations sera fondée sur ces captations. C'est pourquoi, tous deux verraient leur communication avec les autres perturbée – depuis leur raison d'être même –, leur destin se détériorant en fonction du caractère de la malédiction.

En fait, l'une des formes les plus généralisées de malédiction se trouve implicitement dans le concept du péché qui doit être expié de façon irrémissible. L'expression selon laquelle l'Homme « gémit et pleure sous le poids de ses péchés » n'est pas une métaphore, car celui qui s'imprègne de la tache de la faute nuit à l'ensemble de ses intérêts ; il les affaiblit ou les ruine de façons très différentes, son sort se transformant progressivement en une succession de motifs de lamentation.

Décharge de l'aura impure sur le bouc émissaire

Cependant, ni l'idée religieuse du péché n'est réelle, ni le châtiment n'est inévitable ; il peut même être déjoué. La Bible signale que les juifs trouvèrent un système pour éluder le châtiment ; il suffisait de sacrifier un bouc mâle à Yahvé comme preuve de repentir, tandis qu'était pratiquée une cérémonie de transfert de l'aura impure sur un autre bouc, de façon que le blocage de l'aura des pécheurs (la conviction de leur faute) passe à l'aura de l'animal. Celui-ci était ensuite immédiatement exilé dans un endroit éloigné où il ne pouvait plus transmettre son triste sort au peuple et où il assumait le sort douloureux qu'attire inévitablement une aura impure. Ce bouc « expiatoire » est connu sous le nom de *bouc émissaire*.

Il faut indiquer que le peuple juif, à cette époque de connaissance profonde de l'essence magique et spirituelle de l'homme, possédait une notion extrêmement claire de la réalité transcendantale et de la signification de l'aura ; c'est pourquoi, il craignait les conséquences de toute forme d'impureté.

Faisant partie du concept magique qui animait le peuple hébreu et tous les peuples qui vivaient avec lui en l'influençant et en étant influencé par lui, était considéré comme impur tout ce qui possédait une aura abîmée, non purifiée par les cérémonies consacrées ; ils savaient, en effet, qu'elle était chargée de forces dangereuses ou qu'elle était capable de les déchaîner.

Devant par conséquent être évitée à tout prix, ils la qualifièrent d'un vocable qui équivalait à *tabou*. En effet, ce terme fut emprunté à un autre peuple qui connaissait profondément les dangers d'une aura saturée d'impuretés, les Polynésiens.

Concepts de l'aura de la femme impure

Cependant, pour revenir à ces concepts, disons que l'on considérait impurs ou tabous les hommes, les animaux, les objets et les actions. Ainsi, partageant cette idée avec de nombreux peuples de tous les points de la Terre, on refusait d'approcher une femme indisposée car on la savait capable d'altérer l'aura de tous ceux qui se trouvaient près d'elle, ainsi que l'aura d'aliments et de substances divers, les rendant, par cette proximité, impropres à la consommation. Il ne s'agit pas d'une superstition ; même actuellement, on peut observer que pendant la préparation de nombreux plats, comme le boudin ou l'aïoli, il est interdit à une femme ayant ses règles de s'approcher de l'endroit de préparation.

LES PROSTITUÉES ÉTAIENT IMPURES, MAIS NON MÉPRISÉES

Les juifs de l'Antiquité vilipendèrent l'impureté de la femme vouée au commerce charnel par une décision qui fit perdre de vue la raison magique centrée sur la détérioration de l'aura et entraîna des attitudes de type religieux qui débouchèrent sur le puritanisme.

L'idée initiale n'était pas opposée à la pratique sexuelle proprement dite, mais à la promiscuité due à la concentration des halos dans les entrailles de la femme, étant donné qu'une aura ne se mélange parfaitement qu'avec une seule autre. La femme qui possédait une telle profusion de halos dans ses entrailles contaminait l'aura des hommes qui entretenaient des rapports avec elle. Ce déshonneur était ensuite apporté chez eux par leur propre sang, indépendamment du fait qu'il se traduisait par des maladies vénériennes car l'impureté et la sainteté constituent des états irrémédiablement contagieux (Ézéchiel

44,19 ; Exode 29,37 ; 30,29 et Lévitique 15, 4-12, 20-28 ; 11, 31-40).

Imprégnation mortelle de l'aura

L'assise de toute malédiction et de toute bénédiction réside dans le sang où règne l'aura dans toute sa plénitude. L'importance accordée par les juifs au sang dans leurs concepts de pureté et d'impureté est bien connue. Dès la naissance de leur peuple, les juifs respectaient l'interdiction de manger du sang (Genèse 9,4 ; Lévitique 19,26 ; Samuel 14, 32-35), car le sang est l'âme (Genèse 9,4 ; Deutéronome 12, 23) ou le fondement de l'âme (Lévitique 17, 11). La base de cette horreur est le danger consistant à mélanger l'âme à une âme étrangère, pervertissant son essence et son destin. Ils considéraient également que le sang est une méthode d'expiation ; c'est pourquoi, on ne doit ni manger ni même toucher la viande d'un animal mort ou découpé en morceaux si son sang n'a pas été totalement enlevé (Lévitique 11,39 ; 17,15 ; Deutéronome 14,21) et veiller également à ne pas la faire entrer en contact avec des aliments ou des boissons pures car son aura malsaine les détériorerait.

En ce qui concerne le psychisme de l'homme dont la vie est arrachée brutalement, il est affirmé que son aura imprègne l'endroit de sa mort. De même, la loi juive interdit à la personne ayant provoqué la mort d'un taureau déchaîné de manger sa viande si auparavant, il avait tué un homme car cela le transformerait définitivement en impur.

L'IMPURETÉ DUE AU MÉLANGE DES AURAS PEUT ÊTRE SEULEMENT TEMPORAIRE

Les guerriers qui avaient séjourné dans un environnement rempli de cadavres, de malédictions et de psychismes désespérés étaient considérés impurs le troisième et le septième jours de la bataille ; c'est pourquoi, indépendamment de l'admiration que l'on ressentait pour leur héroïsme, ils ne pouvaient rejoindre le campement et encore moins la ville sans s'être purifiés à l'eau lustrale. Enfin, il est nécessaire d'indiquer que le grand prêtre était celui qui devait supporter ces interdits le plus rigoureusement possible, car il ne devait toucher aucun cadavre (Lévitique, 21, II).

VÊTEMENTS IMPRÉGNÉS PAR LA FUSION D'AURAS

Comme il s'expose à la fusion de l'aura des fidèles au temple – le renforcement de la puissance de l'oraison étant le motif principal de leur rassemblement – et en sa qualité de messager destiné auprès de la divinité, le prêtre est obligé d'enlever ses habits sacrés et d'en revêtir d'autres une fois son ministère terminé.

Un exemple du pouvoir de la malédiction

Pour en revenir au pouvoir de la malédiction, peut-être l'intensité à laquelle l'aura est soumise par l'effet du jugement d'une personne possédée par une haine extrême se réfléchit-elle. Eliphas Lévi raconte : « À l'époque de nos désordres civils, un homme qui possédait une boutique eut l'imprudence de dénoncer l'un de ses voisins. Celui-ci, après avoir connu la prison pendant quelque temps, fut remis en liberté mais il eut le malheur de perdre sa position sociale à la suite du discrédit que lui causa son emprisonnement. Son âme se remplit de haine, mais pour toute vengeance il passait deux fois par jour devant la boutique de son délateur, le regardait fixement et intensément, le saluait et s'en allait.

Après quelque temps, le commerçant ne put plus supporter le supplice que lui causait la vision de sa victime ; il vendit donc son établissement avec une perte considérable et changea de quartier, renonçant à ses clients et à toutes ses connaissances afin de ne pas divulguer sa nouvelle adresse. »

Pensées malhonnêtes et dangereuses ; pensées pures et radieuses

La transmission de pensée est aussi inoffensive que la pensée elle-même. En d'autres termes, si la pensée est pure, la transmission est pure, mais si la pensée est empoisonnée, la transmission le sera également. Son niveau de toxicité est proportionnel au niveau d'énergie transmise, au niveau de haine que l'émetteur est capable de concentrer et au degré de sensitivité de la personne maudite. Cette dernière sera obligée de maintenir un contact de type télépathique aussi involontaire que constant avec l'auteur de la malédiction, avec le plaisir que cela signifie pour le premier et l'angoisse qu'il entraîne pour le second. Cette situation peut se prolonger pendant des générations, surtout si l'aura du récepteur de la malédiction a également été manipulée.

Ce phénomène est dû au fait que l'action de la pensée noire est déposée sur les vagues de la mer (l'aura universelle) à l'intérieur de laquelle nous nous trouvons tous. Cela peut être comparé au cas de la personne qui, se trouvant immergée dans un lac, cracherait une gorgée d'encre dans le courant qui se dirige vers un autre courant, le tachant ainsi irrémédiablement.

Il faut cependant savoir que l'auteur de la malédiction est souvent atteint par le pouvoir corrupteur de la haine déversée. Après tout, ils se trouvent tous deux dans l'eau et le courant n'est jamais stable ; or, les magiciens et les sorcières savent bien comment les ondes psychiques peuvent être agitées.

Le temps n'éteint aucune malédiction

Une fois qu'une malédiction a rejailli sur l'aura d'un individu, il n'existe aucun moyen d'éviter qu'elle ne s'accomplisse ; depuis des temps immémoriaux, on a reconnu la puissance de cette sentence surnaturelle. Ainsi, une fois prononcée, elle s'accomplit fatalement, même au bout de longues années, comme l'affirment non seulement les sorcières d'aujourd'hui et de toujours, mais également la Bible (Josué 6, 26 ; Juges 9, 20,49,56).

Il n'est même pas nécessaire que celui qui lance la malédiction sache contre qui elle se dirige, car la seule condition requise est de la déposer sur l'aura universelle qui nous enveloppe tous, d'où elle sera captée comme un radiorécepteur, par l'aura de la personne en question. C'est pourquoi, aussi bien dans l'Égypte ancienne, berceau de la haute magie, qu'en Phénicie ou en Grèce, on employait cette méthode pour écarter les brigands et les profanateurs de tombes, en altérant leur aura par le simple fait de toucher les sarcophages, les pierres tombales ou les bornes des chemins où était déposée la malédiction. On se rappelle encore ce qui arriva, à partir de 1922, aux personnes qui violèrent le tombeau de Toutankhamon, leur aura étant altérée de telle façon que tout en elle attirait le malheur et la mort, bien que la malédiction ait été jetée depuis plus de trois mille ans.

La seule possibilité d'annuler une malédiction est que celle-ci revête un caractère injuste. En d'autres termes, le jeteur de sort et la personne maudite doivent reconnaître que la cause de la malédiction existe réellement et qu'elle mérite le qualificatif d'« outrage » ; il serait donc normalement impossible de maudire un gouvernant si ses décisions avaient entraîné le malheur de certains de ses administrés. Si les deux parties reconnaissent au plus profond de leur conscience que la malédiction est justifiée par un motif grave et dolosif, elle s'accomplira de façon irrémédiable, sans que ni magicien, sorcier ou prêtre ne puissent rien faire pour l'empêcher ; de même la mort du jeteur de sort ne peut enrayer le déroulement de la sentence enragée qu'il a émise en qualité de victime innocente.

Cependant, il convient de dire qu'un bon résultat est parfois atteint lorsque la personne concernée a obtenu le pardon et la bénédiction de l'auteur de la malédiction.

LA MALÉDICTION IMMANENTE

Toutes les malédictions n'ont pas un caractère néfaste, même si elles sont tout aussi terribles. Il existe la malédiction naturelle, qui émane de la loi divine, comme celle relative à l'assassinat ; elle provoque la fixation d'un psychisme accusateur sur le lieu du crime ou sur l'aura même de l'assassin. La Bible affirme que « la voix du sang d'un homme versé violemment monte vers Yahvé en demandant vengeance » (Genèse 4,10 ; Job 16,19 ; Ezéchiel 24,6-8) ; en effet, c'est à lui qu'appartient le sang (comme siège de la vie accordée par lui à un esprit lors de son passage à l'état charnel) et il le réclame de nouveau des mains de celui qui l'a versé, par l'intermédiaire du vengeur.

La première condamnation de la transmission de pensée

C'est pourquoi il ne faut pas oublier la réaction de Van Helmont (1577-1644), médecin belge ayant découvert les sucs gastriques, devant les phénomènes télépathiques. Il fut frappé par l'importance et la réalité des phénomènes qu'il avait vérifiés de temps à autre avec une grande rigueur scientifique ; cependant, ils heurtaient ses critères d'homme influencé de façon indélébile par la tradition ecclésiastique, et il écrivit : « Je me suis demandé s'il convenait de révéler au monde un grand mystère grâce auquel l'homme possède en lui, entre ses mains, une énergie qui répond à sa volonté, à son pouvoir d'imagination ; capable d'agir vers l'extérieur, elle impose à distance son influence sur les choses (phénomènes de psychokinésie) et les personnes (phénomènes télépathiques).

Cette influence sur les personnes, même à très grande distance, n'est que la conséquence des pouvoirs démoniaques. Elle représente une faculté spirituelle et indissociable de l'Homme. » Plus avant, il affirme qu'« une telle force sommeille en nous, réprimée par la chair. Pour l'utiliser, il est nécessaire que l'opérateur possède une certaine affinité avec le patient. Celui-ci doit exercer sa sensibilité qui, soumise à l'influence de son imagination intérieure, va à la rencontre de l'action. »

La redoutable figurine de cire, ou volt

Un autre moyen classique pour appauvrir, détériorer l'aura d'une personne et provoquer sa ruine au niveau matériel, mental et spirituel, consiste à prendre un échantillon de son aura et à la manipuler de façon à la relier à l'aura universelle au moyen d'un courant de pensée et de sentiment. Ce courant lui imposera une série d'actions et de réactions ; il pourra également être amené sur l'aura par l'hypnose, comme nous le verrons ultérieurement.

LA CIRE EST LE MATÉRIAU QUI CAPTE ET RETIENT LE MIEUX L'AURA

L'antique et redouté volt – de *vultus*, « effigie » – de l'ensorcellement négromancien est la figurine de cire modelée à l'image et à la ressemblance de la personne que l'on souhaite perdre. Plus la ressemblance du volt avec la personne est grande et plus l'échantillon de l'aura mélangé à la cire est important, plus il existe de probabilités pour que le maléfice opère. Si la sorcière ou le magicien peuvent faire entrer des ongles, des cheveux ou un mouchoir rempli d'humeurs de leur prochaine victime dans la composition du volt, l'acte revêtira une efficacité particulière, car la cire est le matériau qui présente la capacité maximale de rétention de l'aura. Il est également possible d'utiliser un vêtement souvent porté par la victime, à partir duquel sera confectionné un vêtement pour la figurine de cire, qui devra ressembler le plus possible à celui porté habituellement par le modèle.

Jusqu'à la fin du XIXe siècle, les jeteuses de sorts administraient à la poupée tous les sacrements du rite catholique que l'ensorcelé avait reçus tout au long de sa vie, comme le baptême, la confirmation, etc., y compris l'extrême-onction ; ces pratiques présentent uniquement l'avantage de concentrer au maximum la puissance de l'aura qui détermine des fonctions comme la télépathie et la télékinésie.

De même, l'imprécation était souvent pratiquée ; on clouait sur la figurine de nombreuses aiguilles tout en lui adressant les injures les plus crues, afin d'exacerber la haine et ainsi utiliser sa puissance pour la projection « aurico-mentale » du mal ; on pouvait également la griffer avec des morceaux de verre ou des épines trempés dans du sang décomposé, étant donné la grande puissance de déstabilisation que possède ce type d'impureté sur l'aura.

LE VOLT PEUT ÊTRE REMPLACÉ PAR UN CRAPAUD

Au Moyen Âge, les sorcières découvrirent qu'elles pouvaient remplacer la figurine de cire par un crapaud vivant, sans modifier le reste du cérémonial. Le crapaud était ligoté avec les cheveux de la victime, il recevait un crachat chargé et il était ensuite enterré sous le seuil de la maison de l'ensorcelé ou à un autre endroit fréquenté par lui.

Papus cite un livre imprimé en 1610 et intitulé *Le Deuxième jour caniculaire*, dans lequel se trouve l'histoire d'une femme menacée par une sorcière :

« Quelques jours plus tard, la malheureuse commença à ressentir des douleurs aiguës dans le ventre ; elles lui semblaient la traverser de part en part ; elle gémissait de douleur et son état alarma les voisins. Parmi tous ceux qui vinrent la consoler, l'un dit qu'elle était ensorcelée ; il se mit à creuser à côté de la porte et découvrit bientôt la figurine représentant une paume, traversée d'une aiguille d'acier. Ils la saisirent, la brûlèrent et la malade retrouva la santé en quelques heures. »

LE VOLT EST UN OBJET DE TRANSMISSION TÉLÉPATHIQUE

Ce qui précède constitue une excellente démonstration de la terrible efficacité du volt, en tant qu'image créée pour la sorcellerie. Il a déjà été démontré comment l'intensité de la pensée concentrée sur lui suffisait à son efficacité. En termes strictement parapsychologiques, le sort se ramène à un exercice *télépathique* et *télékinétique*. Pour mieux l'illustrer, recourons de nouveau aux anciens témoignages tels que celui de l'abbé Guyon *(Bibliothèque Ecclésiastique*, Paris, 1771), qui fait le récit suivant.

Une histoire de magie et de vengeance

« En l'an de grâce 1687, Eustache Visier, fermier à Passy, à une lieue de Paris, sur les terres de M. Le-Fèvre, secrétaire du Roi, se querella avec Pierre Hocques, son berger qui, au lieu des 300 livres qui lui revenaient comme salaire, en exigeait 400, alléguant que le nombre de bêtes placées sous sa garde avait excessivement augmenté. Des paroles, ils passèrent aux actes et Visier donna une raclée au berger qui jura qu'il se vengerait. Il accomplit bientôt sa promesse. Versé dans l'art des maléfices, il jeta l'un des sorts les plus destructifs sur les troupeaux de Visier, causant la mort de 7 chevaux, 11 vaches et 395 moutons en deux mois.

Soupçonnant Hocques, Visier se rendit au tribunal de Passy qui entama immédiatement le procès. Emprisonné, Hocques déclara avoir jeté un sort sur les troupeaux de Visier, ce qui fut prouvé. En conséquence, le tribunal rendit sa sentence le 2 septembre 1687, condamnant Hocques à la peine de travaux forcés à perpétuité. Celui-ci, suivant la pratique établie, fit appel. Les conclusions furent transmises au Parlement de Paris et Hocques entra à la *Conciergerie*. La torture lui arracha quelques confessions qui entraînèrent la confirmation de la sentence du tribunal de Passy le 4 octobre de la même année.

Pendant ce temps, la mort continuait de provoquer des ravages dans les troupeaux de Visier ; celui-ci, menacé par une ruine proche et inévitable, ne rencontra pas d'autre moyen de sauvetage que de rechercher la façon de détruire le maléfice ayant entraîné son malheur. Il passa un accord avec le gardien de la prison de la Tourelle, où se trouvait Hocques afin qu'il trouve un forçat qui, au moyen d'une bonne récompense, tire les vers du nez au berger ; celui-ci lui révéla qu'il ne connaissait que deux personnes capables d'annuler ses sorts ; l'un était nommé Bras-de-Fer et l'autre Courte-Épée.

À l'aide des vapeurs d'alcool, on réussit à enjôler Hocques pour qu'il dicte une lettre adressée au premier, lui indiquant l'étable où il avait enterré les sortilèges mais sans préciser de quel côté il les avaient placés.

Quelle ne fut pas la surprise de Bras-de-Fer lorsqu'il reçut la lettre : "Cet homme est complètement fou ! s'exclama-t-il. Si je fais ce qu'il me demande, il mourra immédiatement !"

La promesse d'une bonne paie vint à bout du peu de scrupules qui lui restaient et il mit la main à l'ouvrage, précisant auparavant à Visier qu'il convenait tout d'abord de célébrer une messe à Saint-Charles.

Deux jours après, Bras-de-Fer procédait à la levée du sort. Lorsqu'il eut fermé les fenêtres de l'étable, il y entra muni d'une lanterne, en compagnie de Visier et d'un fils de Hocques, appelé Estève. Après avoir prononcé une série de paroles et d'expressions étranges, comme en proie à une espèce de vertige, il alla directement à l'endroit où était enterré le sortilège, le retira et le mit dans un sac en cuir qu'il portait dans ce but. Il procéda de même dans la vacherie, mais lorsqu'on lui demanda d'entrer dans une pièce intermédiaire où l'on soupçonnait que d'autres sortilèges étaient enterrés, il refusa obstinément, prétextant que d'autres bergers les avaient jetés et que s'il les retirait, ils mourraient tous, comme venait de mourir à cet instant Hocques. Ceci étant dit, il alluma un grand feu et brûla le sac.

Profondément étonnés de ce qu'ils venaient d'entendre, les témoins cherchèrent à savoir ce qu'il était advenu de Hocques. Et en effet, selon les déclarations de monsieur de la Motte, gouverneur de la Tourelle, Hocques était mort de convulsions violentes au moment où Bras-de-Fer levait le sort. »

Témoignage de Paracelse sur le volt

Paracelse remarqua à plusieurs reprises que « selon la volonté d'un esprit en lutte contre un autre esprit (ceux des personnes concernées, c'est-à-dire l'individu haineux et l'individu haï), si l'on recouvrait de terre et de pierre une figurine de cire (préparée convenablement), construite à l'image de cet homme, celui-ci commençait à être inquiet, tourmenté et ne pouvait se reposer tant que cette figurine n'était pas déterrée. On observait que si l'on cassait une jambe à la figurine, l'homme ressentait les effets douloureux de la fracture ; il en était de même avec les pincements et autres blessures qui étaient effectués sur n'importe quelle partie de l'image, alors qu'en réalité il ne subissait aucune fracture, ni aucun pincement, ni blessure réelle. »

Le volt peut prendre diverses formes

« De même, si l'on dessine sur du parchemin vierge une figure qui ressemble du point de vue astrologique à une personne déterminée, vous pouvez être sûr que tous les coups et blessures portés sur la figure peinte seront reçus par la personne indiquée. »

Papus rapporte qu'un paysan breton, appelé Jean le Rouge, mort sur le bûcher en 1314, déclara à ses juges qu'il utilisait effectivement des figures de cire pour causer des dommages, la ruine et même la mort de la personne qu'on lui désignait, avec le procédé suivant : il prenait de la cire vierge et pendant une nuit de mars ou un samedi sans lune, dans un endroit éloigné du village, il attendait les douze coups de minuit pour invoquer les puissances infernales avec des incantations recopiées à partir de grimoires ; en même temps, il modelait la figurine manuellement en pensant intensément au corps, au visage, aux mouvements et au nom de la personne désignée. Ensuite, il lui ajoutait des cheveux, des rognures d'ongles et, avec des morceaux de toile imprégnée de la sueur de la victime, il confectionnait des vêtements en fonction de son sexe et de ses habitudes.

Le maléfice étant préparé, il le conservait jusqu'au mardi ou samedi suivant, et l'emportait cette nuit-là dans un endroit sacré ; il prenait de l'eau bénite et le baptisait, en inscrivant le nom de la victime ; une fois que tout était fait, il remettait la figurine à la personne qui la lui avait demandée, afin que ce soit elle qui la fasse fondre à feu doux au moment voulu, en invoquant le diable et en formulant le désir véhément de voir mourir son ennemi par la torture ; elle pouvait également la jeter dans une tombe récemment ouverte, en s'accompagnant d'invocations infernales et de malédictions, afin d'entraîner le malheur, la maladie et la mort de la victime, sans qu'aucun médecin ne puisse la sauver.

Fonction du sacrilège en sorcellerie

Comme on peut l'observer, Jean le Rouge n'était pas réellement un magicien. L'érudition qui caractérise l'homme ayant consacré sa vie à la pratique de la magie lui faisait défaut. C'était plutôt un modeste sorcier. C'est pourquoi il accorde tant d'importance à l'aspect religieux, insistant sur les profanations du rite catholique. Il est cependant indispensable de préciser que le sacrilège n'est pas une condition d'efficacité du volt ; en effet, la fonction du blasphème et du sacrilège consiste uniquement à administrer toute la puissance télépathique et télékinétique de la haine – et les puissances annexes qui dérivent de l'interaction de l'aura individuelle avec l'aura universelle –, afin de causer le mal. À cette époque, le fait d'invoquer le diable, de voler des hosties et de l'eau bénite pour fabriquer un volt signifiait que l'on renonçait au privilège si désiré du salut en échange de l'accomplissement d'une vengeance, d'un sortilège d'amour envers une personne particulière ou de l'exécution d'un sort funeste.

De fait, la sorcellerie et la magie ont été pratiquées dans tous les pays et à toutes les époques sans qu'aucune différence de pratique soit jamais liée à la religion. Ceci est d'une importance extrême, car si l'on peut faire abstraction du facteur religieux, on constatera que la plupart des phénomènes appelés « démoniaques » impliquent en réalité l'exercice de facultés parapsychologiques spécifiques, susceptibles d'être encore étudiées, perfectionnées et appliquées à de nombreuses autres fins, comme cela a été le cas pour l'hypnose.

L'aura et l'hypnose

Au XIXe siècle, on redécouvrit avec surprise la relation existant entre l'aura et l'esprit soumis à la transe hypnotique et l'on parvint à considérer celle-ci comme une porte vers le côté occulte de l'humanité ; pour cette raison, l'hypnotisme était encore récemment rejeté ou relégué par le monde scientifique.

De ces expériences très révélatrices, nous préférons citer l'étonnement de ceux qui y participèrent, comme le célèbre colonel de Rochas, pilier de la recherche parapsychologique en France, qui écrivit :

« La découverte de ces états hypnotiques profonds devrait amener l'auteur à découvrir l'extériorisation de la sensibilité, phénomène à l'origine de l'ensorcellement scientifique conçu par les occultistes modernes.

Lorsqu'un sujet se trouve à l'une des trois phases classiques de l'hypnose, il ne manifeste aucune sensibilité. Cependant, au fur et à mesure que les états profonds commencent à se manifester, on remarque que l'insensibilité reste à fleur de peau mais qu'elle cesse, de façon inexplicable, entre 10 et 20 centimètres au-dessus ; ainsi, si on pince le sujet, ou encore mieux, si on fait semblant de pincer un point quelconque de son corps à cette distance, il se plaint, comme si le pincement uniquement reçu par son aura l'avait réellement affecté. »

La cire et l'eau

« Il y a plus : certaines substances – comme l'eau et la cire – s'imprègnent de ces propriétés : elles accumulent ou retiennent l'énergie qui provoque cette sensibilité à distance et la conservent pendant quelque temps, au point que si l'on approche une flamme de l'eau qui contient les effluves de l'aura, le sujet manifeste la sensation d'une brûlure. Au cours d'une expérience, j'ai moi-même causé des ampoules à un sujet en lui "brûlant" la main à plus de 50 centimètres de sa peau.

La projection de la sensibilité à distance en état d'hypnose profonde est le fondement des théories modernes d'ensorcellement. Il s'agit en fait, comme nous l'avons souvent dit, d'un contact que l'on arrive à établir avec l'aura, celui-ci pouvant être de nature bénigne ou maligne. »

Dans la publication parisienne d'occultisme *Justice* du 19 mars 1892, se trouve l'article intitulé : *Dans le monde de l'inconnu : l'ensorcellement*, qui fit sensation chez les occultistes de l'époque, surtout chez l'asturien Papus. Les paragraphes essentiels sont les suivants :

« Le 16 mars courant, le colonel de Rochas, aidé par la participation d'un sujet, sensibilisa une solution sursaturée. Lorsque son assistant jeta le verre qui devait solidifier le liquide dans la préparation, le sujet, qui avait transféré sa sensibilité dans l'eau fut pris d'une terrible crise nerveuse, il s'évanouit et dut être soigné pour retrouver ses sens.

De quelle façon l'état du liquide a-t-il changé pour engendrer une telle perturbation du patient ? Mystère !

Monsieur de Rochas garda le liquide sans plus le manipuler et hier, le 18 mars, il voulut savoir s'il avait perdu un peu de ses étonnantes propriétés, c'est-à-dire un peu de l'extraordinaire affinité qu'il développait avec la personne qui, deux jours avant, lui avait communiqué un peu de sa vie. Sans que le patient le sut, il trempa la lame d'un couteau dans le liquide.

Nous assistâmes alors à une scène inoubliable. Nous vîmes le patient pousser un cri et tomber à genoux comme s'il venait d'être blessé. Cette expérience et d'autres analogues expliquent les crimes de sorcellerie qui, au Moyen Âge, conduisirent tant d'individus au bûcher. »

LIÉE À UNE POUPÉE DE CIRE

L'auteur de l'article, Joleaud-Barral, qui ne soupçonne même pas encore l'existence de l'aura comme second corps du sujet où se produisent physiquement ces réactions, exprime son témoignage sur la réalisation de l'expérience des figurines de cire :

« Monsieur de Rochas accepta de réaliser en ma présence cette manipulation d'ancienne sorcellerie.

Il modela manuellement une petite statue de cire rouge et la sensibilisa par des passes effectuées de façon répétée sur la jeune fille.

À partir de ce moment, l'existence du sujet fut – jusqu'à un certain point – liée intimement au sort de la poupée de cire, par la même énergie.

En quelqu'endroit qu'on la touchât, la patiente le sentait, et si monsieur de Rochas piquait une aiguille dans la figurine, la jeune fille criait et frottait de sa main l'endroit qu'elle croyait blessé.

Ces faits me paraissaient si étranges, si fantastiques que les personnes présentes essayèrent d'expliquer qu'il s'agissait d'une suggestion exercée, volontairement ou non, par l'opérateur sur le sujet ; mais cette interprétation était fausse. Un fait que je vais raconter me tira de mes erreurs en me démontrant ce que je refusais d'admettre.

Ce fut une expérience imprévue car nous allions partir.

Les invités et le sujet parlaient dans la pièce contiguë avant de prendre congé. Je restai encore au salon et examinai attentivement la petite poupée de cire.

Tout d'un coup, sans y penser à deux fois, je cédai à l'impulsion de serrer fortement la figurine.

Un cri féminin me parvint de la pièce contiguë. La jeune fille se plaignait d'une douleur subite à la jambe gauche, où mon pouce s'était enfoncé plus fortement.

Sans intention et à distance, j'avais provoqué une sensation de douleur chez la personne ensorcelée. »

Actuellement, des expériences secrètes sont menées sur les possibilités de l'aura et le public sait déjà que certains hommes d'État et d'importants financiers commencent à éviter soigneusement de laisser des échantillons de leur aura chez le coiffeur, comme des cheveux et des ongles, car ils pourraient être vendus très cher à des sorciers modernes. Ils n'envoient pas non plus de vêtements imprégnés de sueur à la teinturerie : cette mesure est destinée à les protéger contre la captation mal intentionnée des effluves de leur aura qui pourrait entraîner la manipulation de leur esprit et de leur corps.

L'aura de l'amour

Amour et haine, énergie psychique pure

C'est la haine qui – consciemment ou non – est normalement projetée sur l'aura d'une personne et constitue la force agissante de presque tous les ensorcellements ; cependant, il faut également signaler que parfois le sorcier est chargé de manipuler l'aura d'une personne pour qu'elle éprouve un sentiment d'amour et lui faire souhaiter de le partager avec une autre. Dans ce cas, il faut savoir que les résultats sont seulement superficiels et temporaires, de sorte que l'amour disparaîtra dès que l'aura manipulée reprendra son aspect normal.

Au contraire, si pour toutes ses pratiques le sorcier utilise l'amour désintéressé – étranger à tout plaisir physique – et qu'il est poussé dans tous ses actes par le seul désir de projeter le bien et d'aider tous ceux qui entrent en contact avec lui, le sort devra être considéré comme pratiquement irrépressible et invincible.

L'amour sous toutes ses formes constitue une force irrésistible. Et aucun événement ne peut affecter définitivement celui qui arrive à ne projeter que des sentiments positifs ; il se remettra de tout avec une rapidité surprenante et finira par s'emparer de ses ennemis en les transformant en amis. Aucun sort ne peut atteindre une personne qui possède une aura blanche ou dorée, caractéristique des êtres bons.

L'amour, pouvoir de l'aura

L'amour constitue une force irrésistible, souple, puissante et même dévastatrice lorsqu'elle doit l'être, mais elle implique toujours une action positive, constructive, conduisant à la douleur purificatrice et au bonheur par le sacrifice. Dans les laboratoires parapsychologiques de la R.M. Bucke Memorial Society, une importance primordiale est accordée à la recherche sur l'influence qu'exerce l'état de grâce ou de béatitude qui touche l'homme. Bien sûr, il ne s'agit pas de faire du prosélytisme en faveur d'une religion, mais en l'occurrence d'appréhender la réalité de l'influence qu'exerce une aura émettant les effluves de la bonne volonté absolue et de la tolérance.

Leur thèse établit que les états d'illumination mystique – l'origine de cette expression se situe dans la lumière blanche dorée que l'aura émet pendant les moments d'extase et qui, pendant l'Antiquité, était liée à un don du Soleil – apportent de nombreux pouvoirs merveilleux à la personne ; ils lui confèrent de nombreux avantages sur ses semblables, au point de la transformer en un être corporel invincible face au reste de l'univers matériel ou intangible. Elle devient même invincible face aux esprits contraires qui seraient tentés de se servir d'elle ou de lui faire du mal.

La conscience de l'être bon irradie une sorte de lumière – qui rejette toutes les forces maléfiques pouvant l'assiéger. Le fluide spirituel qui l'entoure constitue sa cuirasse.

Différences parapsychologiques entre les deux formes d'amour

En ce qui concerne l'idée d'un amour entre deux personnes dans lequel l'obsession arrive à revêtir les caractères les plus négatifs, la sorcellerie peut réaliser de véritables prodiges au moyen de la magie noire. Celle-ci peut s'exercer par des formules très diverses fondées sur la possibilité matérielle d'affecter l'aura directement ou par la dégradation d'un échantillon ; mais, nous insistons sur le fait que leurs effets sont temporaires et fréquemment dangereux.

L'aura de la personne passionnément éprise se ternit jusqu'à – presque – disparaître. Ceci est dû au fait que l'amour charnel remet l'être humain « sur terre » – comme disaient les magiciens de l'Antiquité en se rapportant à la prédominance de la nature matérielle sur la nature spirituelle – et atténue considérablement l'éclat de l'aura émis par le périsprit.

Néanmoins, comme les grands magiciens l'observèrent également, les extrêmes se touchent ; il convient donc d'indiquer que l'amour, dans ses états les plus élevés, est capable de produire des conditions maximales d'échange télépathique, même si elles ont normalement un caractère involontaire. En réalité, les phénomènes que produit l'union de l'aura des amants sont variés et déconcertants ; ils donnent même l'impression très forte de ne former qu'un seul être.

Soulignons que cet état ne doit pas être confondu avec l'amour correspondant aux états de grâce ou d'illumination mystique. En raison de son caractère essentiellement matériel, le premier est le seul qui puisse être provoqué par l'action de sorciers expérimentés, par la manipulation du halo de la personne sollicitée au moyen de substances corporelles du prétendant associées à d'autres types d'actions.

Les passions négatives ternissent l'aura

Il existe de nombreuses façons de modifier l'aura. On observe fréquemment qu'une volonté négative suffit pour que l'aura de la personne ternisse progressivement, de sorte qu'il devient impossible de savoir laquelle entache l'autre et ruine l'existence de la personne sur tous les plans, social, économique et physique. De fait, le tempérament instable d'un individu peut être à l'origine d'un état de malpropreté lamentable de son aura.

Un individu rancunier, jaloux, attaché aux biens matériels et perclus de ressentiment ou de haine, est un générateur de venin psychique. Les forces nocives qu'il cultive se déposent en lui comme en terrain conquis et si l'on souhaite le débarrasser du poids oppressant d'actions psychiques ou de haine lancées contre lui, il sera nécessaire auparavant de purifier l'aspect invisible de son être ; nous ferions de même si nous voulions nous servir sans risque d'un vase ayant contenu du venin : nous procéderions à son nettoyage complet.

Telle est la réalité de notre existence physico-surnaturelle dont dépend tout ce qui est lié à notre situation dans l'univers. Sur elle repose la puissance de la santé et de la chance, ce qui explique pourquoi les politiciens et les joueurs, entre autres, s'appliquent à soigner cette partie de leur nature.

L'aura et la chance au jeu

En ce qui concerne la nature hasardeuse de la chance, notons quelques-uns de ses caprices et de ses petites perversions. Pour la clientèle des casinos, il est tabou de s'asseoir à côté de son époux ou de son épouse pour jouer, sous peine d'irriter la chance, toujours possessive et jalouse. En fait, l'explication de ce phénomène réside dans le fait que l'aura, comme antenne perceptrice, captera mieux ainsi les tendances du jeu ; elle pourra même « flirter » avec l'atemporalité et « deviner » (avoir l'intuition plus ou moins claire) l'issue des parties.

On considère encore qu'il est néfaste de s'installer à côté d'une femme indisposée car, comme nous l'avons déjà signalé, de nombreuses traditions universelles la considèrent porteuse d'une aura impure, capable aussi bien de gâter les aliments et le vin en cours de fermentation que de diluer les effluves de chance des personnes à proximité.

En revanche, il est acquis depuis l'Antiquité que les jeunes vierges attirent la chance au plus haut point ; c'est pourquoi, le joueur tirera avantage de s'asseoir à côté d'une jeune femme de ce type ou de l'avoir debout derrière lui comme un ange propice ; car son aura ne s'est pas encore mélangée et se trouve dans la plénitude de la vie ; elle possède un charme particulier que la nature périspirituelle utilise pour la rendre attirante pour ses semblables de sexe opposé. Cependant, même les joueurs de cartes ou de roulette les plus audacieux n'oseraient parier sur une virginité.

Ceci est dû au fait que les casinos ont montré pendant des décennies un machisme ridicule, car ceux qui n'interdisaient pas l'accès aux femmes les ignoraient ; c'est ce qui se passait il y a encore quelques années à Monte-Carlo, où les croupiers étaient tenus d'appeler invariablement les joueurs « Messieurs », sans considération pour la présence de décolletés magnifiquement pourvus et sans que cela ne choque personne dans un temple consacré à la chance et rempli d'auras aux vibrations les plus désagréables et les plus multicolores. Il n'existait pas non plus le moindre « antiféminisme » dans la politique du club parisien très exclusif du Grand Cercle consistant à ne recevoir que des gentlemen ! On prétendait ainsi éviter au maximum l'invasion de tout élément entrant en discordance avec la nature de la chance.

Dans la plupart de ces lieux, les femmes d'une beauté exceptionnelle ne manquent pas, mais les hommes intéressés à les regarder sont rares. Ce lieu abrite uniquement la passion du jeu et de la chance. Lorsqu'un homme dit, tout excité, qu'une dame « est chaude », il veut signifier soit qu'elle vient de tirer un numéro, soit qu'il convient d'imiter son jeu ou d'occuper son siège si elle le libère.

Depuis la plus haute antiquité, les magiciens ont souligné le pouvoir que possède une femme ayant ses règles pour dénaturer l'aura de ceux qui l'approchent, les rendant absolument sans défense devant cette forme d'agression consciente ou inconsciente ; nombreux sont ceux qui ont interprété toutes ces peurs comme la preuve que la chance est femme.

Hygiène de l'aura

« La chance est essentiellement la conséquence de la pureté ou de l'impureté de notre aura magnétique, de sa résistance, ou d'une capacité à éviter l'accumulation d'impuretés qui affaiblissent son énergie et diminuent la fréquence de ses ondes. » D'autres manipulateurs des phénomènes occultes, ainsi que les pratiquants de la photographie Kirlian précisent qu'ils ont associé aux tempéraments frustrés, aigris et anxieux, la faiblesse de coloration et de définition des images produites par certains individus, apparemment abandonnés par la bonne fortune.

Les sorcières le savent très bien. De fait, la partie la plus puissante de leurs sortilèges est due à leur capacité de manipuler l'aura de leurs victimes ou de leurs protégés, qui peut être utilisée en bien ou en mal.

Pour s'approprier l'aura d'une personne, il suffit d'utiliser un objet ayant été en étroit contact avec elle ou mieux, d'obtenir quelques rognures d'ongles, une mèche de cheveux ou un autre élément corporel. Cependant, l'aura peut être également touchée, salie ou abîmée par les passions négatives de la personne comme l'envie, la rancune et la colère ; sa vie se voit ainsi progressivement affectée sur tous les plans par une malchance inexplicable et décourageante.

La chance personnelle réside dans l'aura

« De même, la chance – donc l'aura – qui fait partie de l'être même et qui est produite par lui, est transmissible. » Elle se mélange avec l'aura de ceux qui entourent l'individu, enrichissant ou appauvrissant leur nature en raison des lois de sympathie selon lesquelles toute propriété, vertu ou impureté peut être transmise d'une aura à une autre par :

a) contiguïté ou contact ;
b) empathie ou similitude ;
c) opposition ou antipathie.

Rappelons-nous que la mauvaise humeur se fixe sur tous, alors que la bonne humeur n'est captée que si l'aura est suffisamment pure pour annuler les effets de la première. Étant donné le phénomène de contagion d'un halo impur à un autre, il a été raconté que de nombreux joueurs craignent instinctivement la femme indisposée ; ils s'éloignent également du sempiternel perdant, du « tapeur », de celui qui raconte facilement ses malheurs, de l'avare, et autres personnages dont ils captent une aura « de type morbide ». Comme les événements positifs sont également contagieux, on cherche à se rapprocher des heureux, et par extension des amoureux, de ceux qui sont sur le point de réaliser leur ambition ou un rêve. Dans les casinos, on recherche la combinaison choisie par les gagnants du jour, leur contact et l'endroit qui, laissé libre, est imprégné de leurs effluves lorsqu'ils ont été changer leurs plaquettes.

Les techniques de purification

L'un des grands malheurs de ceux qui connaissent le mal que peut causer un sorcier de façon sournoise, déguisée et destructrice, consiste à douter de ne jamais pouvoir trouver de protection opportune et efficace. C'est pourquoi, on utilise la technique de purification qui, à partir d'éléments organiques comme les herbes, les oiseaux, etc., permet de recueillir les impuretés de l'aura humaine en frottant de façon adéquate la préparation sur le corps nu. Cette opération marche, bien que ses avantages se limitent actuellement à certains groupes disposés à payer, comme les politiciens, les bateleurs, les commerçants et les industriels convaincus que la chance ne peut être remplacée ni dans les affaires, ni au gouvernement, ni dans les autres activités humaines.

Objets et procédures pour la défense de l'aura

Le caractère sans appel des sentences du sorcier, la persistance de l'influx noir une fois qu'il est dirigé sur sa victime est-il réel ? Non. Évidemment non. L'ensorcelé doit se rendre compte au bon moment qu'on lui a causé du mal et ne doit pas se contenter de penser qu'il traverse simplement une période de malchance, un état de faiblesse et d'étourdissement, un problème de santé ou une dépression conduisant à abandonner toute ambition et toute lutte.

En ce qui concerne les procédés, on considère que les premiers – dans l'ordre d'utilisation, mais non d'importance – sont les amulettes qui peuvent être de types différents et posséder différentes charges protectrices.

De toute façon, quelle que soit la solution employée contre l'impureté de l'aura (les sortilèges et la persistance de la malchance), elle doit émaner d'une personne connaissant parfaitement la nature occulte des êtres humains et le milieu où ils baignent pendant les jours et les nuits de leur passage à la dimension matérielle. Cette personne est habituellement une sorcière, à qui l'on peut donner différents noms comme chiromancienne, gitane, devineresse, etc.

Sur la nécessité de rendre visite à ce personnage, une véritable légende s'est instaurée ; elle date de plusieurs siècles, mais a pris un caractère particulier depuis la fin du XIXe siècle. Pour l'exposer le plus fidèlement possible, nous ferons appel de nouveau au magnifique récit de Papus.

La *dame aux chats*

« Craignez-vous l'ensorcellement et les sorciers ? Craignez-vous qu'un ennemi vous blesse à distance ? Craignez-vous qu'une idée fixe menace de détruire l'équilibre de votre esprit ? N'hésitez pas, allez voir la *dame aux chats*.

Elle vit dans une petite rue du vieux Montmartre, dans une charmante petite maison sur la porte de laquelle une plaque indique : Mme M..., cartomancienne.

Dès le premier coup de sonnette, les nombreux aboiements et miaulements indiquent que la maison est bien gardée. En effet, à peine la porte est-elle ouverte, que de nombreux chiens et chats de toutes races et de toutes couleurs sautent, courent, hurlent et s'agitent pendant que leur maîtresse tente de les calmer. Ces animaux sont tous des orphelins, des blessés ou des mutilés que la maîtresse de maison a recueillis et soignés comme des princes.

Nous sommes en présence d'une personne unique. Il s'agit d'une véritable initiée en magie paysanne ; elle emploie les herbes et opère selon les phases de la Lune ou les jours de l'année et la course du Soleil. Cela ne vaut-il pas un petit voyage jusqu'à Montmartre ?

La *dame aux chats* est une femme de grande taille, à l'aspect majestueux, au profil romain atténué par une profonde expression de bonté. La magicienne se consacre officiellement à la cartomancie et Dieu sait les bons conseils que les cartes, aidées par l'intuition de la devineresse, ont prodigué à ceux qui recherchent l'espoir.

En revanche, si vous croyez être ensorcelé et si vous venez lui demander un remède, si vous lui exposez votre mal, vous verrez son regard s'allumer. S'agit-il de soigner un malade ? Parfaitement !

Elle vous fait entrer dans son cabinet de consultation ; c'est une petite pièce qui contient plusieurs chaises, un sofa à droite et une table en noyer au centre. Sur les murs figurent quelques signes magiques et le tableau “Consultations de cartomancie”. Sur la table se trouvent des jeux de cartes de toutes dimensions.

Une fois assis, le regard profond de la magicienne vous fixe. Une voix grave et pénétrante vous interroge :

– En quel mois êtes-vous né, Monsieur ?

– Décembre.

– Bien, en décembre. Quel jour ?

– Le vingt-deux.

– Le vingt-deux décembre : Capricorne. Face cachée de Saturne. Vous êtes atteint de profonds accès de tristesse, vous

vous découragez devant n'importe quel obstacle et c'est ce qui entraîne votre tristesse actuelle. Méfiez-vous des genoux. Vous êtes sujet aux maladies du froid sec.

– En effet, les genoux me font parfois mal.

– Bien sûr, puisque vous êtes né sous le signe du Capricorne. Craignez-vous un ensorcellement ?

– Oui, Madame.

– Venez avec moi.

La magicienne se lève et se dirige vers la petite salle d'attente. Elle sort une clé et ouvre cérémonieusement un placard rempli de bocaux et de cornues de toutes tailles. Là se trouvent les herbes de la Saint-Jean recueillies dans la nature lors des douces soirées du mois de juin. Les nuits suivantes, elle prépare les herbes cueillies plusieurs heures auparavant. “Prenez ces herbes, dit-elle en tendant au visiteur quelques brindilles séchées extraites de l'un des bocaux, et portez-les toujours sur vous.” »

La neuvaine du silence favorise la purification de l'aura

Les pythagoriciens effectuaient la purification mentale par le silence accompagné d'un régime physique excluant complètement le corps astral des animaux.

Aujourd'hui, pour libérer une personne du mal que ses propres idées pernicieuses causent à sa personnalité et à sa chance – en supposant qu'il ne s'agit pas d'un malade mental –, il faut lui indiquer tout d'abord qu'elle s'abstienne complètement, pendant neuf jours, de dire du mal de personnes absentes, d'abriter des sentiments d'envie ou de décharger sa colère sur des êtres faibles, qu'il s'agisse de personnes ou d'animaux.

Cette hygiène mentale est indispensable si l'on souhaite obtenir les meilleurs résultats et ses méthodes d'application exigeraient un ouvrage complet. Néanmoins, toutes s'accordent sur l'objectif consistant à se forcer à l'extrême pour ressentir une véritable affection et même de l'amour pour les personnes qui, auparavant, nous inspiraient uniquement de l'aversion, de la méfiance ou de la crainte.

EMPLOI DE SUBSTANCES PROTECTRICES

Il est possible de s'aider également de substances qui protègent leur porteur contre la pollution des mauvaises influences et contribuent très efficacement au maintien de la pureté de son aura, en instaurant la permanence d'un état de clarté et de brillance qui se traduit par tout ce qui est connu sous les termes de *chance, personnalité magnétique*, etc.

Le charbon, protecteur et générateur d'atmosphère parapsychologique

Il existe divers matériaux ou substances qui possèdent la singulière propriété d'absorber toutes les impuretés ; parmi eux, on peut distinguer les œufs, les poules, les herbes diverses et le charbon végétal ; ce dernier possède en outre l'avantage de pouvoir être laissé dans les endroits qu'une personne trouve les plus opposés à son aura, en raison de la présence de personnes à l'âme négative ; il agit comme un élément protecteur permanent contre la pollution émotive et mentale.

On sait que la poudre de charbon végétal purifie l'eau, absorbe les gaz délétères et s'emploie à d'autres fins de même type. Cependant, la principale application du charbon consiste à absorber les fixations du fluide psychique en effectuant la purification et en maintenant la pureté de l'aura des personnes qui se trouvent à proximité.

Supposons qu'un individu envieux, fâché ou maniaque, tous les jours à la même heure, projette des sentiments et des pensées négatifs vers une personne dont il veut affecter l'aura de façon à ébranler et inverser sa chance. Il ne fait aucun doute que de telles pensées seraient renforcées par des forces psychiques qui activeraient son aura et la dirigeraient contre l'aura prise au dépourvu de l'autre. Cependant, si la personne qui fait l'objet de ce harcèlement s'entoure – en le plaçant aux points les plus stratégiques – de charbon végétal, les fluides envoyés seront attirés par le charbon et ne pénétreront pas dans son aura.

Il suffit de placer trois ou quatre morceaux de charbon sur une assiette à côté du lit et de les jeter le jour suivant pour neutraliser les sortilèges des sorciers. Il conviendra de faire de même sur le lieu de travail en maintenant le récipient de charbon à un endroit où il ne puisse être vu, mais où il puisse répandre ses effets jusqu'au sujet.

Possibilités de protection de l'aura des végétaux

Il est également possible d'utiliser les végétaux et les animaux pour défendre l'aura. J. J. Jacob conseille de se promener en été par les chemins en arrachant quelques feuilles des plantes qui poussent le long du chemin : il s'agit d'une forme de renouvellement magnétique ou de purification de l'aura, selon l'appellation qu'on préfère.

À ce propos, l'échange est réellement obtenu, quand on impose les mains sur une plante tous les jours à la même heure. On constate bientôt que, malgré tous les soins qu'on lui procure, la plante se fane progressivement et meurt.

L'utilisation d'animaux pour la défense de l'aura – comme les Égyptiens de l'Antiquité avaient l'habitude de le faire – est tombée en désuétude. Aujourd'hui, ils sont principalement utilisés dans les « purifications » pratiquées par les sorciers des Caraïbes, d'Amérique centrale et de quelques régions d'Afrique centrale.

Réalisation d'une purification

Nous allons résumer une action de purification, ou purification magnétique.

Placer le sujet debout au milieu d'une pièce où domine la teinte bleue. Il doit rester les bras levés, les paumes des mains levées au-dessus de la tête et tournées vers l'avant. L'opérateur doit se placer derrière le patient.

Ensuite, l'opérateur place ses mains au niveau du ventre du sujet, les paumes tournées vers lui. De cet endroit, il devra les déplacer vers les reins en balayant lentement la peau avec les mains dans le but d'entraîner les impuretés de l'aura, avec toute la méticulosité possible. Une fois arrivé aux reins, secouer les mains énergiquement et souffler dessus pour en éliminer les effluves nocifs, en faisant attention de ne pas les projeter ni vers le sujet, ni vers soi.

Cette procédure doit être effectuée trois fois.

Ensuite, monter au niveau du cœur et amener les mains vers le centre du dos. Secouer de nouveau les mains et souffler dessus pour mettre fin à la décharge, en recommençant trois fois l'opération. Procéder de même pour la tête, en allant lentement du front à la nuque, en étant déterminé à repousser les émanations affectées par les impuretés.

Terminer par un détachement magnétique, en effectuant devant le sujet les passes nécessaires et les souffles froids.

Recommencée tous les huit jours, cette opération fournit des résultats admirables.

Les transmissions

Si l'action magnétique, très puissante, ne suffit pas, il est possible de recourir aux transmissions hypnotiques, telles que les pratiquèrent Babinski et Luys.

Dans tous les cas de troubles nerveux, la transmission donne des résultats tout aussi remarquables, car il n'est pas nécessaire d'endormir le sujet ; celui-ci conserve donc toutes ses facultés. Cette technique demande toute la puissance de l'opérateur, ainsi que la pureté absolue de son aura.

Lorsque l'action individuelle est insuffisante à libérer une personne dont l'aura a été manipulée par quelqu'un versé dans la sorcellerie, il est indispensable de vérifier si elle souffre de troubles psychiques, délire de la persécution ou désordres mentaux devant être examinés par un médecin spécialiste.

Résumé des procédures de protection contre la sorcellerie

En résumé, nous pouvons affirmer que la défense contre les altérations de l'aura par l'ensorcellement, l'accumulation de mauvaises influences et, en général, l'état d'impureté ou d'opacité créatrice de l'état de malchance tenace, comporte plusieurs phases.

1. Placer l'aura dans un état favorable à la purification en évitant les troubles de type nerveux ou la proximité de sources d'impuretés, comme la présence de femmes indisposées.

2. Augmenter les forces spirituelles : prière, pardon, charité.

Se souvenir que toute action en faveur des autres décharge sa propre condition négative, ce qui prépare l'aura à la purification.

3. Utiliser des objets physiques comme dispositifs de défense astrale : le charbon, les signes et les exhortations, ainsi que des tiges végétales et même des photographies, agissent comme des renforçateurs des vibrations de l'aura.

4. Organiser des groupes de traitement parapsychique où, dans un environnement propice, il est possible de pratiquer des procédures de purification et de fortification de l'aura.

Cette étrange matière spirituelle : l'ectoplasme

En accord avec sa nature, l'aura, comme émanation périspirituelle, tend à se projeter toujours plus vers la manifestation physique que vers la manifestation spirituelle. Rappelez-vous que le périsprit est le moyen (organe) qui unit l'âme au corps ; de ce fait, il est principalement lié à la vie matérielle et à ses manifestations, auxquelles il doit assujettir l'immatérialité de l'âme pour accomplir le but de son incarnation, qui peut être la pénitence et le perfectionnement, ou l'aide et la conduite des autres esprits incarnés.

L'immatériel s'exprime par la matière, comme c'est le cas de l'argile psychique, du « téléplasme » ou de l'ectoplasme. Il s'agit d'une substance blanchâtre, parfois visqueuse, parfois fine et glissante, émise par les médiums ou les sujets paranormaux les plus réceptifs lors de la matérialisation des esprits qui viennent s'exprimer à travers eux ; cette substance provient de la fusion de l'aura ou du périsprit du médium avec l'essence analogue de l'esprit. Comme nous l'avons déjà dit, c'est l'énergie du fluide qui peut faire communiquer l'être humain avec la totalité de l'univers, y compris le monde des morts ; c'est ce qu'ont amplement démontré les spirites d'aujourd'hui et ceux de l'Antiquité, les Égyptiens pharaoniques appelant cette énergie *ka*. Il s'agit du matériau composant le pont qui, communiquant avec l'au-delà, sert également aux désincarnés pour recomposer le physique qu'ils avaient pendant leur vie.

Le frère de lait de Hitler était un médium puissant

Cependant, cette substance n'est pas seulement émise par les médiums conscients de l'être et qui comptent à leur actif une pratique importante de communication avec les hommes désincarnés ou de captation des vibrations et des pensées des vivants ; elle peut également s'observer exceptionnellement chez des personnes qui connaissent peu ou pas du tout leurs dispositions naturelles en parapsychologie.

Rudy Schneider, frère de lait de Hitler, montra dès son plus jeune âge l'aptitude à déplacer des objets à une distance considérable en utilisant exclusivement le contrôle de son aura ; en effet, il était capable de la concentrer sur des objets, affectant ainsi le halo de l'immatériel en les dotant de mouvement ; il les faisait même voler, comme le firent également les médiums de la puissance d'Eusapia Palladino, à laquelle nous avons déjà fait allusion. Parfois, cette substance est seulement perceptible et parfois elle arrive à se rendre visible de courts instants, en particulier lorsqu'elle est précisément utilisée par des entités désincarnées pour se manifester sous forme d'image.

L'aura possède une grande force physique

En effet, l'aura, de par sa nature matérielle et spirituelle, peut affecter la condition et l'état des choses en obéissant à l'esprit de celui qui la projette, même si celui-ci ne se rend pas compte qu'il l'utilise.

Cette force peut être utilisée inconsciemment par la personne qui utilise divers instruments qui l'aident à prendre des décisions ou lui suggéreront des moyens et des orientations, même coupables. C'est ce dernier phénomène que les Mongoles avaient l'habitude d'employer des années avant leur invasion de l'Europe : ils se réunissaient pour voir une table s'élever dans les airs, passer devant chaque suspect et finir par en indiquer un, le condamnant ainsi à diverses peines, sans que personne n'imagine que l'aura en recul du coupable atterré permette à la force exercée par les autres de pousser la table vers lui. Le verdict était juste, même si le mécanisme était étranger à l'esprit justicier qu'ils imaginaient. Les Mongoles utilisèrent également la table pour la recherche de l'eau. En fait, il s'agit d'une autre application de la capacité du périsprit à capter les vibrations de l'aura des éléments matériels, surtout celles de l'eau qui sont très intenses ; l'utilisation de ramilles en forme de fourches ou de pendules a donné d'excellents résultats dans cette recherche.

Les applications du pendule

Pour revenir aux propriétés et aux applications matérielles du périsprit, la plus importante pour la plupart des gens est peut-être celle qui est perçue comme capital de chance ou la chance elle-même. Les sorciers de l'Antiquité se servaient d'un disque où étaient disposées les lettres de l'alphabet. Ensuite, ils utilisaient un pendule ; cet instrument se compose d'une corde dont l'une des extrémités supporte un corps solide que l'on doit laisser pendre librement afin qu'un esprit – ou le subconscient par l'intermédiaire de la puissance du périsprit – lui signale lettre après lettre la réponse aux questions qui lui ont été posées et compose un message.

Les esprits malins utilisent l'aura de leurs invocateurs

Il est ainsi demandé au pendule de répondre à une question ou même d'aider à capter les vibrations de l'aura d'une personne afin de pratiquer sur elle un ensorcellement quelconque. Si un esprit se manifeste réellement en influençant les indications du pendule, le sortilège sera beaucoup plus puissant ; en fait, il ne s'agira pas d'un sortilège proprement dit, mais d'un acte spirite qui dépendra d'un marché spécifique avec l'entité désincarnée qui se présentera, laquelle, il est inutile de le dire, représentera de grands risques pour l'invocateur. Par contre, s'il ne se manifeste pas, il sera possible d'agir avec l'assurance que tout dépend des pouvoirs télépathiques concentrés par la haine, en s'aidant du feu et de tout le rituel, à partir d'un principe de foi authentique dans l'opération en cours.

Nous avons déjà dit que le pendule est un instrument parapsychologique de première importance. Il ne présente pas seulement des applications en sorcellerie ou en spiritisme, mais également dans des actions telles que la recherche d'eau dans les endroits où elle manque, la recherche de mines, de poissons, d'organes malades, de personnes perdues, etc. Dans ce type d'opérations, il a réussi à étonner les spécialistes de formation scientifique, l'expert radiesthésiste étant considéré comme une aide précieuse des géologues, ingénieurs et médecins, même si l'on fait surtout appel à lui dans des situations désespérées.

Cependant, il est important de préciser dans le cadre de ce livre que de telles localisations se produisent par la perception, à travers le périsprit, des vibrations particulières des minéraux et des éléments en général. L'une des personnes particulièrement douée dans ce domaine fut la célèbre voyante de Prevost, qui captait les vibrations laissées chez les personnes à l'aide de passes magnétiques que leur avaient pratiquées des hypnotiseurs ou des guérisseurs à l'aura bleue ou violette ; par extension de cette capacité, elle pouvait distinguer les minéraux à l'aveuglette sans avoir besoin de les toucher, en se fondant uniquement sur le type de rayonnement aurique qu'ils émettaient. En effet, la source de toute possibilité humaine, matérielle ou immatérielle, mortelle ou spirituelle, réside dans l'aura.

L'aura de la main

Le médecin Melampo, dont on disait en Grèce antique qu'il soignait plus à travers l'esprit qu'à travers le corps, dit qu'il avait reçu du dieu Bacchus, en récompense de sa dévotion, le don de connaître le corps et l'esprit, ainsi que la fin incarnée et désincarnée des hommes par l'intermédiaire de leurs mains.

La grâce qu'avait reçue Melampo résidait essentiellement dans sa capacité d'interpréter les mouvements et les humeurs de la main, de la paume et surtout des doigts : en effet, en se repliant, ces derniers produisent différents volumes, des bosses, des creux et des niveaux de fermeté différents d'où surgit une force surnaturelle que tous ne peuvent ni voir, ni utiliser, mais dont dépend leur destin.

L'art de Melampo se développa, car les savants percevaient que les mains abritaient d'autres caractéristiques spéciales et importantes. Il était évident qu'une force transcendante liée directement à l'énergie suprême les animait, laquelle n'établit aucune distinction entre les mains d'un esclave ou bien d'un roi.

Au fur et à mesure qu'ils arrivaient à cette conclusion, ils étaient progressivement capables de distinguer les différents rayons et couleurs de l'aura de tous ceux qui venaient les consulter.

La main dans la Bible

La Bible fait également référence aux facultés spéciales de la main. Le Livre de Job signale que « Dieu mit des signes dans les mains de tous afin que chacun puisse connaître ses œuvres. »

Dans les mêmes écritures, il est rapporté que Moïse dit à son peuple que « La loi du Seigneur sera écrite sur ton front et dans ta main ».

C'est justement du front du grand prophète que jaillit un échantillon très particulier de l'aura puissante qu'il avait acquise lors de ses relations avec la divinité ; nous parlons des célèbres faisceaux de lumière qui n'ont été observés que chez Dieu.

Dans la Bible, une autre illustration de la confiance qu'inspiraient les pouvoirs de la main est celle qui signale le fait suivant dans le Livre des proverbes : « La durée de sa vie dans sa main droite et dans sa main gauche, richesse et honneurs. » En outre, les références à des guérisons effectuées par la seule imposition des mains sont très nombreuses ; il en est de même du pouvoir de la bénédiction donnée par la projection du halo émanant de la paume et des doigts.

À l'inverse de ce qu'ont cru les chiromanciens, le plus important ne réside pas dans les lignes et les monts, mais dans la main tout entière : les deux mains et le pouvoir qui en émane et qui transcende l'aspect matériel de l'individu.

Il existe de nombreux détails indiquant l'existence de possibilités que le sujet lui-même ignore posséder. Des pouvoirs parapsychologiques, médiumniques, des capacités de « métagnomie » et de clairvoyance, une disposition à la nécromancie et une multitude de possibilités qui lui permettent d'absorber et de projeter quelques pouvoirs de l'aura universelle tout en émettant son propre fluide là où l'association peut s'avérer profitable pour lui et les autres.

L'énergie vitale provient des astres

Paracelse, avec l'acuité de son génie, pressentit la nature de cette fusion dans les mains de l'aura universelle et de l'aura humaine et consigna le fait de la façon suivante : « ... La force vitale est une émanation des astres, le Soleil guidant le cœur, la Lune le cerveau, Jupiter le foie, Saturne la rate, Mercure les poumons, Mars la bile, Vénus les reins et les organes de reproduction. »

Il avait sûrement raison, bien qu'il n'ait saisi qu'une partie de la vérité. Car il est certain que les effluves des astres entrent en grande part dans la composition de l'aura qui enferme l'harmonie de toute la Création. Ainsi, il faut comprendre que les organes influencés par chaque astre représentent à la fois le point le plus efficace du corps humain qu'ils contrôlent dès la naissance et l'endroit le plus délicat. C'est pourquoi, à l'instar de tout instrument de précision, les mains d'un pianiste sont en même temps supérieures à celles d'un danseur, mais elles constituent également son point le plus faible.

Au-delà du plan physiologique, nous avons déjà indiqué que la main est capable d'administrer ou de projeter l'énergie électromagnétique qui caractérise chaque individu (davantage que les empreintes digitales) en modifiant à volonté la progression d'une maladie chez une autre personne uniquement par l'imposition très intense de la paume ou des doigts.

La science se penche sur les mains

Il ne s'agit pas seulement de l'opinion des occultistes et des chercheurs sur l'aura. La célèbre psychologue de la main, le docteur Charlotte Wolff, établit scientifiquement ce que l'on considère dès à présent démontré, c'est-à-dire :

« Il est possible de déduire de la forme de la main une impression générale de :

– la constitution physique et de l'hérédité ;

– le potentiel émotionnel et instinctif ou, en d'autres termes, le tempérament ;

– la mentalité, les aptitudes et les dons innés. »

Cependant, il y a encore plus, beaucoup plus que les conclusions auxquelles parviennent les chercheurs des universités qui ont reconnu l'importance des phénomènes de perception extrasensorielle.

Ces autres facultés ont été appliquées depuis des millénaires pour charmer, pour soigner ou pour troubler. Bien sûr, il ne s'agit pas de facultés, ni de connaissances mises à la disposition de tout le monde. Il s'agit pour commencer d'une manifestation de la force électromagnétique qui impose l'univers à tout être vivant et qui est plus intense chez certains, plus canalisable ou plus transmissible.

Tout commence par les ongles et le bout des doigts

« Nous pouvons tirer des ongles et des qualités physiques de la main des indications sur l'hérédité et l'état de santé », continue à dire le docteur Wolff. Elle reconnaît également que l'énergie dont dispose l'individu ne dépasse pas seulement la nature matérielle, mais qu'elle la modèle et la soumet. En effet, d'après ce célèbre chercheur, les différentes parties de la main peuvent nous aider à connaître :

– le pouvoir de la volonté ;

– la force relative de l'ego et de l'id ;

– les aspects actifs et réceptifs de la personnalité. Ceci inclut sûrement la capacité ou la prédisposition à la parapsychologie.

Cependant, le docteur Wolff va encore plus loin et reconnaît que cette essence de l'être qui adapte son corps en le remplissant de signes que seuls les savants sont capables d'interpréter, a réussi à tracer physiquement des traits qui n'étaient considérés que comme spirituels ou mentaux. Elle rapporte que nous pourrions connaître par les lignes les caractéristiques suivantes :

a) les traits de dégénérescence qui se manifestent par l'absence, le dessin et la position anormale des lignes de pliures, ainsi que par l'aspect simiesque des sillons papillaires (la forme de la paume, des doigts et des ongles révèle également d'autres traits de dégénérescence) ;

b) « la force ou la faiblesse du super-ego » qui se traduit inévitablement par la vigueur, la consistance et les possibilités générales du flux aurique ;

c) « la vitalité, l'intelligence, la discipline mentale et émotionnelle », en les appliquant à la possibilité de réalisations parapsychologiques ;

d) le niveau de stabilité et l'indice de résistance nerveuse, ce qui est déterminant pour établir les qualités de concentration, de méditation, etc.

C'est pourquoi, dans diverses universités des États-Unis et dans les laboratoires soviétiques d'études psychiques, l'étude des signes favorables sur le plan parapsychologique, surtout ceux de la main, est considérée comme primordiale.

Dans son ouvrage *The Principles of Anatomy as seen in the Hand*, le docteur H. Head affirme des idées qu'ont toujours soutenues les nécromanciens et les chiromanciens ; c'est d'ailleurs ce qu'il reconnaît lorsqu'il indique que « la main et surtout les doigts sont liés aux différents organes du corps ; ils répercutent leurs maladies, leur état général et déterminent tout ce qu'ils feront ou exprimeront et d'autres phénomènes qui restent encore inexplicables. »

Premier examen : la phalange du pouce

Parmi ce que l'on peut vérifier sur notre main elle-même, observons la fermeté de la phalange supérieure du pouce qui indique la force de la volonté, l'initiative et l'intuition. Les caractéristiques des personnes les plus douées pour les réalisations parapsychologiques sont la taille (nettement supérieure à celle de la phalange inférieure), un volume harmonieux et une consistance ferme. Son aura doit être déterminée par les tons bleutés assortis de rouge, c'est-à-dire une lumière violette.

Les mêmes attributs possédés par la phalange inférieure annoncent la capacité de raisonnement. Si cette phalange est plus importante que la supérieure, il existe peu d'espoir d'obtenir un bon médium ou même un voyant ou un télépathe moyen ; en effet, son aura n'émet aucune nuance violette, mais une couleur plutôt rouge qui correspond au matérialisme ou, avec encore moins d'espoir, une tonalité marron correspondant aux individus attachés à la terre.

La base du pouce, connue sous le nom de « mont de Vénus », indique la vitalité de la personne, surtout au niveau sexuel ; si ce promontoire apparaît gros et gonflé, il indiquera l'existence d'une aura rouge, d'une sexualité active, d'une tendance marquée à la possession matérielle ; au contraire, un mont mou et formant une dépression signalera l'existence d'une aura aux tons bleutés, mais également une faible dépendance ou même un désintérêt pour les questions érotiques ; en compensation, il indique de considérables aptitudes pour la pratique de l'occultisme, surtout si le « mont de la Lune » est volumineux, lequel est situé juste après, au bord de la main.

Les *doigts des prodiges*

La longueur, la grosseur et la forme des doigts sont également très significatives. Ce sont les canaux de sortie de notre énergie électromagnétique qui transportent de façon implicite la plupart des informations nous rendant uniques parmi des milliards de semblables.

Concentrons-nous, à présent, sur les découvertes des chercheurs selon lesquelles l'index, le médius et le pouce possèdent d'autres attributs que ceux purement fonctionnels ; ils ont été surnommés également *doigts des prodiges*, car ils sont la source de l'énergie du mystique, l'aura indigo ou violette qui purifie par le contact ; effectivement, la position en extension de ces trois doigts est celle traditionnellement employée par diverses catégories de prêtres de l'Antiquité et utilisée actuellement par le clergé catholique pour bénir. Un fait encore inexpliqué, même s'il a été constaté, réside dans l'existence d'une longue série d'interconnexions physiologiques par lesquelles le pouce et l'index restent paralysés lorsque le nerf facial est immobilisé à cause d'une lésion cérébrale.

Il est également prouvé que dans le cerveau, la région corticale correspondant à la main recouvre la région faciale. Une relation identique existe entre le petit doigt et le pied, ce qui entraîne invariablement une atteinte du premier lorsque le second connaît une paralysie d'origine cérébrale ; cela démontre qu'il existe une forte interconnexion de type électromagnétique qui correspond à la manifestation la plus matérielle de l'aura.

Le pouce permet de reconnaître le médium

On a également constaté que le pouce reflète le niveau de vitalité de l'individu, ainsi que les troubles du système respiratoire dont il peut souffrir ; d'après certains spirites, il indique également sa résistance plus ou moins grande à se maintenir en transe prolongée pendant une séance. C'est en effet par ce doigt que s'écoule le plus abondamment la nuance bleue qui peut nimber l'aura.

Les tonalités de rouge s'écoulent par le petit doigt

Quant au petit doigt, on sait qu'il est en relation avec les glandes sexuelles, qu'il s'agisse des testicules ou des ovaires Cependant, d'autres expériences sont en train d'être menées sur des phénomènes qui étonnent toujours les spécialistes. Ce doigt contient en effet la plus grande quantité de rouge, couleur correspondant aux instincts corporels, surtout celui qui mène au plaisir sexuel.

Les doigts de l'orientation physique et spirituelle

Le pouce et l'index, qui dominent la région radiale, sont les doigts de l'orientation ; ils permettent de construire la connaissance de l'environnement qui entraîne le développement de la conscience et l'élaboration progressive de la notion d'identité.

En Orient, le pouce et l'index des deux mains correspondent aux doigts qui unissent les mystiques consacrant leur vie à la méditation afin d'atteindre des niveaux de profondeur privilégiés.

Des doigts qui magnétisent, soignent, bénissent

La forme et les fonctions du pouce et de l'index constituent une caractéristique indiscutable de l'homme. Ils différencient sa main de celle du singe, tandis que les autres doigts lui ressemblent. Cette différenciation signifie sûrement qu'en ce qui concerne les interconnexions avec l'ensemble de l'être et la projection de la meilleure partie de l'aura, l'homme est capable de réaliser de nombreuses activités irréalisables par le singe, ce dernier étant la représentation la plus proche de l'animalité qui, à l'ère primitive, anima le corps et le cerveau de l'homme. Il est d'ailleurs difficile de distinguer la noblesse et la spiritualité de l'homme autrement que par sa faculté à transmettre l'énergie universelle qui lui permet de guérir par l'attouchement de l'index et du médius, ou par le frottement du pouce. La main du singe est un instrument, mais celle de l'homme représente un microcosme transcendantal qui recèle l'ensemble du destin de son corps et de son âme.

L'influence exercée par deux doigts

Le docteur Charlotte Wolff souligna qu'ils étaient intimement liés au développement de la conscience et de l'ego au cours duquel le contrôle qui arrive à s'exercer sur tout ce qui entoure la personne est implicite.

Cette conception, bien qu'elle soit purement matérialiste, n'ouvre pas seulement d'autres possibilités, mais conduit à les approfondir.

En d'autres termes, la nature et l'action de ces doigts permettent de trouver l'essence même de la personne et de ses possibilités pour influencer le reste du cosmos et être influencée par lui ; c'est pourquoi, ils sont considérés comme des indicateurs du don, c'est-à-dire de la capacité à recueillir de l'âme universelle l'inspiration créative que le cerveau, comme antenne, captera, associera, organisera et transmettra.

Le pouce est un indice de vitalité

On a observé pendant des siècles que le pouce est également en rapport avec l'état général de l'organisme, la vitalité caractéristique de l'individu.

C'est pourquoi, il reçoit un flux constant de la composition générale de l'aura, sans concentrer les tons bleutés ou violacés caractérisant les parties corporelles (et leurs correspondances dans la main) destinées à la réalisation mystique, ni même les tons rosés, indicateurs de l'amour intense mais sans passion.

Autres correspondances de l'index

L'index est relié au système nerveux et à l'estomac ; or, pour établir un diagnostic précis, il convient de faire appel à d'autres signes, comme l'état des ongles ; en effet, dans cette zone, la couleur du halo jaune pâle oxydé se remarque particulièrement. De même, le médius est relié aux intestins et surtout au foie.

L'annulaire est lié aux reins, à l'os du sacrum et au flux sanguin, de façon que le diagnostic devra être établi en faisant appel à l'orientation des ongles. L'auriculaire est relié aux pieds et à l'appareil sexuel.

Les différentes mains et leurs implications

Le docteur Charlotte Wolff a fait la découverte suivante : « La composition des cellules, surtout leur proportion de liquide, influe plus sur la consistance de la main que sur sa structure osseuse. De ce facteur dépend la fermeté des muscles et la quantité de graisse... » Dans son livre *Les Tempéraments*, Mac Auliffe mentionne la main comme signe différentiel : « Les doigts arrondis et robustes signalent un homme gros, tandis que les doigts carrés et fins dénotent l'homme mince... Il est étonnant de voir comme tout semble correspondre, converger. » Effectivement, les facteurs qui déterminent la personnalité d'un homme que l'on peut découvrir dans sa main, tels que l'explication de sa façon de se coiffer, de son calvinisme, le fondement de son comportement habituel et la façon dont les autres le considèrent, ces facteurs se rejoignent. L'individu et l'univers ne présentent rien qui ne soit lié à un élément existant, qu'il s'agisse d'un atome ou d'une galaxie.

Table des matières

Composition Nord Compo
Impression Bussière, janvier 2006
N° d'éditeur : 9437 – N° d'impression : 060181/1
Dépôt légal : janvier 2006
Imprimé en France.